D1674729

Harald Hess
RECHTSFRAGEN DER LIQUIDATION VON TREUHANDUNTERNEHMEN

RECHTSFRAGEN DER LIQUIDATION
VON TREUHANDUNTERNEHMEN

- Abwicklung, Geschäftsfortführung, Unternehmenskauf,
  Haftung des Liquidators -

von
RA Dr. Harald Hess, Mainz

RWS - Skript 256

 Verlag Kommunikationsforum GmbH
Recht Wirtschaft Steuern · Köln

Die Deutsche Bibliothek - CIP-Einheitsaufnahme

Hess, Harald:
Rechtsfragen der Liquidation von Treuhandunternehmen : Abwicklung, Geschäftsfortführung, Unternehmenskauf, Haftung des Liquidators / von Harald Hess. - Köln: Verl. Kommunikationsforum Recht, Wirtschaft, Steuern, 1993
 (RWS-Skript ; 256)
 ISBN 3-8145-0256-6
NE: GT

(C) 1993 Verlag Kommunikationsforum GmbH
Recht Wirtschaft Steuern, Postfach 27 01 25, 5000 Köln 1

Alle Rechte vorbehalten. Ohne ausdrückliche Genehmigung des Verlages ist es auch nicht gestattet, das Skript oder Teile daraus in irgendeiner Form (durch Fotokopie, Mikrofilm oder ein anderes Verfahren) zu vervielfältigen.

Druck und Verarbeitung: Hundt Druck GmbH, Köln

INHALTSVERZEICHNIS

		Seite
Abkürzungsverzeichnis		IX
Literaturverzeichnis		XV

I.	Einleitung	1
	1. Unternehmensgeschichte	1
	2. Abwicklungsplan	4
	3. Die Management buy out-Konzepte	4
II.	Begriff Treuhandunternehmen	7
III.	Liquidation/Gesamtvollstreckung	9
IV.	Die dogmatische Grundlage der Liquidation	12
V.	Der Auflösungsbeschluß	14
VI.	Die Handelsregisteranmeldung	15
	1. bei der Aktiengesellschaft	15
	2. bei der Gesellschaft mit beschränkter Haftung	16
VII.	Überblick über das Abwicklungsverfahren	16
VIII.	Einzelne Abwicklungskomplexe	17
	1. Die Gesellschaftsstruktur	17
	a) Die Aktiengesellschaft	17
	b) Die Gesellschaft mit beschränkter Haftung	18

Seite

2. Die Gesellschaftsorgane 18
   a) bei der Aktiengesellschaft 18
   b) bei der Gesellschaft mit beschränkter Haftung 22

3. Die Kapitalaufbringungsregeln 22

4. Die Pflichten der Abwickler/Liquidatoren 24
   a) Die Abwicklung laufender Geschäfte 24
   b) Die Erfüllung von Gesellschaftsverbindlichkeiten 25
   c) Die Einziehung von Forderungen 26
   d) Die Verwertung des Vermögens 26
   e) Neue Geschäfte 28

5. Die arbeitsrechtlichen Probleme der Liquidation 35
   a) Die Mitbestimmung des Betriebsrats 35
   b) Die Beschäftigungsgesellschaften 42

6. Die Liquidationsbilanzen 43
   a) Die Schlußbilanz der werbenden Gesellschaft 44
   b) Die Liquidationseröffnungsbilanz 45
      aa) Die Gliederungsregeln der Eröffnungsbilanz 47
      bb) Besondere Bilanzierungsregeln für die Zweckzuwendung 49
   c) Die Bewertungsregeln für Liquidationseröffnungsbilanzen 49

				Seite
	d)	Die Liquidationsjahresbilanzen		51
	e)	Die Liquidationsschlußbilanz		52
7.	Die Verteilung des Abwicklungs-/Liquidationsüberschusses			52
8.	Die Haftung der Abwickler/Liquidatoren			53
	a)	Allgemeines		53
	b)	Die Pflichtverletzung der Liquidatoren		54
	c)	Die Pflicht zur Unternehmensleitung		54
	d)	Die Konkursantragspflicht		55
		aa)	Die Überschuldung	56
		bb)	Die Überschuldungsbeseitigung	58
		cc)	Die Aussetzung der Konkursantragspflicht (§ 56d DMBilG)	59
	e)	Der Schaden		61
	f)	Das Verschulden		61
	g)	Die Verjährung		62
	h)	Die Haftung der Abwickler/Liquidatoren gegenüber Dritten		63
		aa)	Die Haftung für nicht abgeführte Sozialversicherungsbeiträge (§ 823 Abs. 2 BGB i. V. m. § 266a StGB)	64
		bb)	Die Haftung für Konkursausfallgeld	65
		cc)	Die Haftung für eingehaltene und nicht abgeführte Lohnsteuer	68

		Seite
IX.	**Die Altlastenhaftung in der Liquidation**	69
	1. Allgemeines	69
	2. Die Altlastenfreistellung	70
	3. Ordnungspolizeiliche Verfügungen	74
	a) Die Verantwortlichkeit	74
	b) Der Verwaltungszwang	75
X.	**Die Restitutionsansprüche in der Liquidation**	78
XI.	**Der Unternehmensverkauf**	81
	1. Allgemeines	81
	2. Vertragsgestaltung	87
	a) Teilgrundstück	87
	b) Mehrerlösabführungsklausel	87
	c) Umweltlastenklausel	89
	d) Restitutionsansprüche	92
	e) Investitionszusagen und Arbeitsplatzgarantie	93
	f) Bankbürgschaft	95
	g) Belastungsvollmacht	95

ABKÜRZUNGSVERZEICHNIS

ABM	Arbeitsbeschaffungsmaßnahmen
Abs.	Absatz
AFG	Arbeitsförderungsgesetz
AG	Aktiengesellschaft
AG	Die Aktiengesellschaft (Zeitschrift)
AO	Abgabenordnung
AP	Arbeitsrechtliche Praxis (Entscheidungssammlung)
Art.	Artikel
AuA	Arbeit und Arbeitsrecht (Zeitschrift)
Aufl.	Auflagen
AVG	Angestelltenversicherungsgesetz
BAG	Bundesarbeitsgericht
BB	Betriebsberater (Zeitschrift)
BetrVG	Betriebsverfassungsgesetz
BFH	Bundesfinanzhof
BGB	Bürgerliches Gesetzbuch
BGBl	Bundesgesetzblatt
BGH	Bundesgerichtshof
BGHZ	Entscheidungen des Bundesgerichtshof in Zivilsachen

BHO	Bundeshaushaltsordnung
BStBl	Bundessteuerblatt
DB	Der Betrieb (Zeitschrift)
DMBilG	D-Markbilanzgesetz
DDR	Deutsche Demokratische Republik
d. h.	das heißt
DM	Deutsche Mark
DNotZ	Deutsche Notar Zeitung
EinigungsV	Einigungsvertrag
EStG	Einkommensteuergesetz
EWiR	Entscheidungen zum Wirtschaftsrecht
EzA	Entscheidungssammlung zum Arbeitsrecht
ff	fortlaufend, folgende
GBl	Gesetz und Verordnungsblatt
GenG	Genossenschaftsgesetz
GmbH	Gesellschaft mit beschränkter Haftung
GmbHG	Gesetz betreffend die Gesellschaften mit beschränkter Haftung
GmbHR	GmbH-Rundschau (Zeitschrift)

HGB	Handelsgesetzbuch
HGrG	Haushaltsgrundsätzegesetz
i. A.	im Aufbau
i. L.	in Liquidation
i. S. d.	im Sinne des
i. V. m.	in Verbindung mit
InVorG	Investitionsvorranggesetz
i. ü.	im übrigen
KG	Kommanditgesellschaft
KSchG	Kündigungsschutzgesetz
MBO	Management buy out
Mio.	Million
Mrd.	Milliarde
MitbestG	Gesetz über die Mitbestimmung der Arbeitnehmer
MontanMitbestG	Gesetz über die Mitbestimmung der Arbeitnehmer in den Aufsichtsräten des Bergbaus und der Eisen und Stahlerzeugung

NJW	Neue Juristische Wochenschrift (Zeitschrift)
Nr.	Nummer
NWB	Neue Wirtschaftsbriefe (Zeitschrift)
OHG	Offene Handelsgesellschaft
OLG	Oberlandesgericht
p. a.	pro anno
RGZ	Entscheidungen des Reichsgerichts in Zivilsachen
Rz.	Randziffer
RVO	Reichsversicherungsordnung
StGB	Strafgesetzbuch
SchwbG	Schwerbehindertengesetz
THA	Treuhandanstalt
THG	Treuhandgesetz
u. a.	unter anderem
UmwVO	Umwandlungsverordnung
USt	Umsatzsteuer

VEB	Volkseigener Betrieb
VermG	Vermögensgesetz
VersR	Versicherungsrecht (Zeitschrift)
vgl.	vergleiche
WM	Wertpapiermitteilungen (Zeitschrift)
z. B.	zum Beispiel
ZHR	Zeitschrift für das gesamte Handels- und Wirtschaftsrecht
ZIP	Zeitschrift für Wirtschaftsrecht und Insolvenzpraxis
ZPO	Zivilprozeßordnung

LITERATURVERZEICHNIS

Beisel/Klumpp
Der Unternehmenskauf, 2. Auflage, 1991

Boldt
MontanMitbestG

Fiebig/Reichenbach (Hrsg)
2. VermRÄndG, RWS-Dokumentation 14, 1992

Geßler/Hefermehl/Eckhardt/Kropff
AktG, Kommentar. 11. Lieferung, Stand 1. 5. 1986 (zitiert: Hüffer, in: Geßler u. a., AktG)

Holzapfel/Pöllath
Recht und Praxis des Unternehmenskaufs, RWS-Skript 135, 6. Auflage, 1992

Hommelhoff/Krebs
Treuhandanstalt und Treuhandgesetz, RWS-Dokumentation 3, 1990

Niederleithinger
Hemmnisbeseitigungsgesetz (PrHBG) - Spaltungsgesetz (SpTrUG), RWS-Dokumentation 10, 1991

Raiser
Kommentar zum Mitbestimmungsgesetz, 2. Auflage, 1984

Rowedder
Kommentar zum GmbHG, 2. Auflage, 1990

Scholz
  Kommentar zum GmbHG,
  Bd. 1, 8. Auflage, 1993;
  Bd. 2, 6. Auflage, 1987/1983

Teller
  Rangrücktrittsvereinbarungen zur Vermeidung der Überschuldung bei der GmbH, Beiträge zum Insolvenzrecht Bd. 12, 1993

I. Einleitung

1. Unternehmensgeschichte

Die Rechtsfragen der Liquidation von Treuhandunternehmen soll anhand eines exemplarischen Falls wie der Liquidation der Firma GMT GmbH in T. erörtert werden.

Dieser Fall entspricht einer Vielzahl gleichgelagerter Fälle und soll die tatsächliche und rechtliche Situation in Liquidation befindlicher Unternehmen verdeutlichen.

Die Liquidationsgesellschaft ist wie folgt entstanden:

Anfang April 1990 beauftragte das "VEB-Kombinat Schiffsbau" den Betriebsdirektor der Firma VEB Gießerei und Maschinenbau "Max Matern" in T. nach Maßgabe der Umwandlungsverordnung (Verordnung zur Umwandlung von volkseigenen Kombinaten, Betrieben und Einrichtungen in Kapitalgesellschaften vom 1. März 1990) das Unternehmen in eine Kapitalgesellschaft umzuwandeln.

Mit notariell beurkundeter Umwandlungserklärung vom 8. Juni 1990 war die Umwandlung des VEB Gießerei und Maschinenbau T. in eine Gesellschaft mit beschränkter Haftung zum 31. Mai/1. Juni 1990 vorgesehen. Die beantragte Eintragung in das Handelsregister kam jedoch nicht mehr zustande. Der VEB wurde daher aufgrund des Treuhandgesetzes (Gesetz zur Privatisierung und Reorganisation des volkseigenen Vermögens vom 17. Juni 1990) zum 30. Juni/1. Juli 1990 kraft Gesetzes in eine Gesellschaft mit beschränkter Haftung umgewandelt und am 23. Juli 1990 unter der Firma Gießerei und Maschinenbau T. GmbH durch das Kreisgericht Neu-Brandenburg in das Handelsregister unter der Nr. HRB 03220 eingetragen.

Die Gesellschafterversammlung beschloß am 4. Januar 1991 eine Neufassung des Gesellschaftsvertrags (Eintragung in das Handelsregister am 22. Januar 1991 bei gleichzeitiger Streichung des Zusatzes "im Aufbau").

Die Gesellschafterversammlung vom 6. Januar 1992 beschloß die Auflösung der Gießerei und Maschinenbau T. Die Auflösung wurde am 25. Mai 1992 in das Handelsregister eingetragen.

Das Stammkapital der Gesellschaft, das die DMS übernommen hat, betrug am 30. Juni 1990 27 Mio. Mark-DDR. Es wurde im Gesellschaftsvertrag vom 4. Januar 1991 auf DM 27 Mio. festgelegt und am 22. Januar 1991 in das Handelsregister eingetragen. In der Eröffnungsbilanz wird dieser Betrag als gezeichnetes Kapital angesetzt, dem eine gleich hohe ausstehende Einlage gegenübersteht.

Mit einem Abtretungsvertrag vom 27. Juni 1991 hat die DMS AG ihren gesamten Geschäftsanteil an der Gießerei und Maschinenbau T. in Höhe von 27 Mio. DM mit Wirkung zum 1. Juli 1990 an die Treuhandanstalt Berlin abgetreten. Dadurch wurde die Festlegung in der Umwandlungserklärung vom 8. Juni 1990 aufgehoben, in der die Treuhandanstalt die DMS AG als alleinige Gesellschafterin der Gießerei und Maschinenbau T. einsetzte. In der Zeit vom 1. Juli 1990 bis 27. Juni 1991 hat die DMS AG die mit der Stellung als Alleingesellschafterin verbundenen Rechte und Pflichten wahrgenommen.

Die Geschäftsanteile der Gesellschaft hält danach die Treuhandanstalt.

Die Gesellschaft hatte gemäß § 7 des Gesellschaftsvertrags einen aus sechs Mitgliedern bestehenden Aufsichtsrat, der seit dem Auflösungsbeschluß vom 6. Januar 1992 nicht mehr getagt hat.

Gegenstand des Unternehmens sind:

- die Herstellung, der Umbau, die Reparatur und der Vertrieb von industriellen Erzeugnissen;

- die Planung und die Errichtung von industriellen Anlagen;

- der Handel und die Erbringung von Dienstleistungen;

- die Forschung und die Entwicklung industrieller Erzeugnisse.

Ein mit der DMS AG unter dem 8. Juli 1990 geschlossener Unternehmensvertrag ist nicht wirksam geworden. Er ist aufgrund des Gesellschafterwechsels mit Wirkung vom 1. Juli 1990 bedeutungslos geworden.

Die Gesellschaft beschäftigte

    per 1. Januar 1990 1.948 Arbeitnehmer,
    per 30. Juni 1990 1.990 Arbeitnehmer,
    per 31. Dezember 1990 1.672 und
    per 31. Dezember 1991 1.274 Arbeitnehmer, wovon 817 in Kurzarbeit Null waren.

64 % des Gesamtumsatzes entfielen auf die Hauptkunden für Gießereierzeugnisse. Hauptabnehmer sind Elektromotorenwerke sowie Dieselmotorenwerke. Für den Stahl- und Maschinenbau sind die Werften und die Dieselmotorenwerke Hauptauftraggeber. Die Kapazitäten konnten besonders im Stahlbau und im Gießereibereich nicht mehr ausgelastet werden, da bestehende Verträge von den Hauptkunden zunehmend storniert wurden.

Die Auftragslage hat sich im Jahre 1991 deutlich verschlechtert. Die Hauptkunden hatten die Bestellungen von Elektromotorenguß erheblich reduziert. Gegenüber einem langjährigen Monatsmittel von 1.300 bis 1.500 t wurden im Jahre 1991 durchschnittlich nur 150 t je Monat abgenommen. Die Entwicklung im Stahl- und Maschinenbau ist abhängig von der Entwicklung der Werften. Der Gesamtumsatz der GMT ging 1991 auf 27 % des Vorjahres-Umsatzes zurück. Deshalb war die Anordnung der Liquidation unumgänglich.

2. Abwicklungsplan

Wegen der unter anderem ins Auge gefaßten Management buy out(MBO)-Lösung hinsichtlich der innerbetrieblich gebildeten Profitcenter

- Gießerei

- Maschinenbau und Stahlbau

- Modellbau

- Heizwerk

sollten nach den Vorstellungen einer Beratungsgesellschaft die einzelnen Profitcenter als eigenständige Gesellschaften mit beschränkter Haftung ausgegliedert werden. Zur Verwirklichung der Planung hattte die Geschäftsführung am 30. September 1991 von den damals bestehenden 1.343 Arbeitsverhältnissen aufgrund eines Interessenausgleichs vom 1. Juli 1991 864 Arbeitsverhältnisse zum 31. Dezember 1991 gekündigt.

Ein Sozialplan, für den eine Zweckzuwendung von der Treuhandanstalt benötigt wurde, war abgeschlossen worden.

3. Die Management buy out-Konzepte

Obwohl der Unternehmenskaufvertrag an anderer Stelle vertiefend dargestellt wird, soll schon hier dargelegt werden, daß mit der Übernahme von Unternehmen durch die Führungskräfte, dem Management Buy out (MBO), die Treuhandanstalt eine wichtige Möglichkeit gefunden hat, einerseits das Privatisierungstempo zu erhöhen und andererseits die Grundlage für einen funktionierenden Mittelstand in den neuen Bundesländern zu schaffen. - So wurden 1992 rund

2.000 Klein- und Mittelbetriebe an einsatzfreudige Führungskräfte in Form eines MBO verkauft -. In zunehmendem Maße werden die noch unerfahrenen Ost-Manager jedoch mit den Risiken der Unternehmensführung konfrontiert.

Um zu vermeiden, daß die "MBO's" kurzfristig notleidend werden, wird im Rahmen der Abwicklung für jedes in Frage kommende MBO ein MBO-Konzept erstellt. Hierin müssen zu folgenden Komplexen schlüssige Angaben gemacht werden:

- Standort;

- Rechtsform;

- Leistungsangebot, Kundenkreis, Wettbewerber;

- Personalsituation;

- Investitionsbedarf und Finanzbedarf;

- Erlös- und Kostenplanung;

- Liquiditätsplanung.

Auf der Basis dieser Überlegungen sind für den Modellbau, für den Maschinenbau, für die Aluminiumformerei und für ein Instandhaltungsunternehmen in der Liquidation MBO's zustande gekommen. Das Heizwerk ist aufgrund eines Kommunalisierungsantrags der Stadt T. übertragen worden.

Die Gießerei konnte noch nicht privatisiert werden.

Die Gießerei hat in der Zeit vom 1. Januar bis 31. August 1991 einen Umsatz von DM 7,079 Mio. erzielt.

Es entfielen auf:

Materialkosten	DM 4,803 Mio.	(= 67,85 % des Umsatzes)
Personalkosten	DM 5,67 Mio.	(= 80,10 % des Umsatzes)
sonstige Kosten	DM 3,958 Mio.	(= 55,91 % des Umsatzes)

Es gab nur drei Kunden, die 72 % der Produktion abnahmen.

Die erste Planung für das Jahr 1992 sah folgende Umsatz- und Kostenplanung vor:

Umsatzerwartung	DM 17,5 Mio.	
Materialkosten	DM 11,874 Mio.	(67,85 %)
Personalkosten	DM 6,314 Mio.	(36,08 %)
Sonstige Kosten (ohne Abschreibung)	DM 2,487 Mio.	(14,21 %)
Gesamtkosten	DM 20,675 Mio.	

Daraus folgt: Es entsteht ein Verlust von DM 3.175 Mio.

Die Planungskorrekturen kamen dann zu folgendem Ergebnis:

Umsatzerwartung	DM 13,0 Mio.	
Materialkosten	DM 8,820 Mio.	(67,85 %)
Personalkosten	DM 6,314 Mio.	(48,57 %)
Sonstige Kosten (ohne Abschreibung)	DM 2,487 Mio.	(19,13 %)
Gesamtkosten	DM 17,621 Mio.	
Verlust	DM 4,621 Mio.	

Alle diese Planungen zeigen, daß ein erheblicher Sanierungsbedarf besteht.

Die betriebswirtschaftlichen Untersuchungen zeigen des weiteren folgende Sachverhalte auf:

- Personalbestand zu hoch;
- falsche Kalkulation;
- Kundenstrukturen zu eng;
- Energiekosten zu hoch;
- Produktionsvorgänge zu personalkostenintensiv;
- Maschinenausstattung veraltet;
- Leitungsperson (MBO-Bewerber) ungeeignet;
- fehlende Arbeitsmoral und keine Leistungsbereitschaft.

Im Jahre 1992 sind gestaffelte Personalabbaumaßnahmen durchgeführt worden. Des weiteren hat ein Marketingunternehmen sich um neue Kunden bemüht.

Der Verlust des Jahres 1992 betrug ca. DM 4 Mio.

Per 1. Januar 1993 ist ein neuer Betriebsleiter eingestellt worden. Mit der Hilfe des Landes sollen die Rationalisierungsmaßnahmen im Bereich der maschinellen Ausstattung verwirklicht werden, um dann bis Mitte des Jahres ein MBO zu erreichen und ca. 100 Arbeitsplätze zu sichern.

II.   Begriff Treuhandunternehmen

Nach §§ 11 Abs. 2, 14 THG wurden alle die volkseigenen Kombinate und die volkseigenen Betriebe kraft Gesetzes umgewandelt, die noch nicht aufgrund der Umwandlungsverordnung (GBl 1990, 107) umgewandelt worden sind. Nach § 7 UmwVO ist die Umwandlung der Unternehmen erst dann wirksam, sobald die Eintragung im Handelsregister erfolgt ist.

Streitig ist, welche Gesellschaft entstanden ist, wenn der Umwandlungsantrag vor dem 1. Juli 1990 gestellt, die Eintragung der Gesellschaft jedoch erst nach dem 1. Juli 1990 erfolgt ist. Man könnte sich auf den Standpunkt stellen, daß zwei Gesellschaften entstanden sind, und zwar die nach dem Treuhandgesetz und die nach der Umwandlungsverordnung, so daß möglicherweise zwei Gesellschaften liquidiert werden müssen.

Richtigerweise wird man jedoch in extensiver Auslegung des Begriffs "umgewandelte Wirtschaftseinheiten" des § 11 Abs. 2 THG davon ausgehen dürfen, daß die Wirtschaftseinheiten, die nach den Bestimmungen der Umwandlungsverordnung errichtet worden sind, und die noch vor dem 1. Juli 1990 die Eintragung in das Handelsregister beantragt hatten, auch nach den Bestimmungen der Umwandlungsverordnung eingetragen wurden und damit entstehen konnten.

Für diese Auffassung sprechen u. a. die mit der Schaffung des Treuhandgesetzes verfolgten Ziele. Mit dem Treuhandgesetz sollte die komplizierte und schwerfällige Umwandlung der Wirtschaftseinheiten der DDR in Kapitalgesellschaften beschleunigt werden. Es wäre nur schwer nachvollziehbar, wenn man die bis zum Eintragungsantrag fortgeschrittene Umwandlung der Wirtschaftseinheit abbrechen würde, um die nachgängige Gründung der Aktiengesellschaft (AG) oder Gesellschaft mit beschränkter Haftung (GmbH) "im Aufbau" zu veranlassen.

Schwieriger ist die Rechtslage zu beurteilen, wenn der Eintragungsantrag nach der Umwandlungsverordnung erst nach dem 1. Juli 1990 gestellt wurde mit der Folge, daß die Eintragung der Gesellschaft zum Beispiel erst im Dezember 1990 erfolgt ist und die nach dem Treuhandgesetz kraft Gesetzes entstandene GmbH nicht eingetragen wurde. Auch in diesem Fall spricht jedoch alles dagegen, daß zwei Gesellschaften entstanden sind. Sowohl aus Sinn und Zweck der gesetzlichen Bestimmung als auch aufgrund der genannten konkreten Regelungen ergibt sich, daß ein Nebeneinander von Gesellschaften mit beschränkter Haftung, die nach den Vorschriften über die Umwandlungsverordnung bzw. nach dem Treuhandgesetz entstanden sind, nicht beabsichtigt war.

Aus Gründen der Rechtssicherheit ist deshalb trotz der verspäteten Eintragung nur die Gesellschaft nach Maßgabe der Umwandlungsverordnung entstanden mit der Folge, daß zumindest in analoger Anwendung des § 7 UmwVO nicht der ehemalige VEB, sondern die kraft Gesetzes per 1. Juli 1990 entstandene GmbH i. A. mit der Eintragung der Umwandlungs-GmbH erloschen ist.

Es soll deshalb davon ausgegangen werden, daß der Begriff **Treuhandunternehmen** sowohl die nach dem Treuhandgesetz als auch die nach der Umwandlungsverordnung entstandenen Gesellschaften umfaßt, bei denen die Geschäftsanteile bzw. die Aktien von der Treuhandanstalt (THA) mehrheitlich gehalten werden.

III. Liquidation/Gesamtvollstreckung

Die nicht für sanierungsfähig gehaltenen Aktiengesellschaften und Gesellschaften mit beschränkter Haftung können auf Beschluß der Hauptversammlung aufgelöst und abgewickelt werden. Die Grundsätze für die Liquidation dieser Gesellschaften ergeben sich aus den §§ 262 ff AktG, §§ 60 ff GmbHG.

In der gesellschaftsvertraglich organisierten Liquidation sind die bestehenden und in dem Liquidationszeitraum entstehenden Verbindlichkeiten regelmäßig in vollem Umfang zu bedienen. In der Gesamtvollstreckung, der gerichtlich kontrollierten Liquidation in der Form eines staatlichen Zwangsvollstreckungsverfahrens, ist nach dem Grundsatz der gleichmäßigen Gläubigerbefriedigung in jeder Rangklasse jedem Gläubiger eine anteilige Quote zuzuteilen, wenn die Masse nicht zur Begleichung der Forderungen aller Gläubiger ausreicht.

Zur Sicherung der Gläubiger ist in Sondervorschriften in erster Linie für die Organe juristischer Personen die gesetzliche Verpflichtung normiert, bei Vorliegen eines Insolvenzgrundes (Zahlungsunfähigkeit und Überschuldung) innerhalb einer Drei-Wochen-Frist den Gesamtvollstreckungsantrag zu stellen, und zwar

- für Vorstandsmitglieder und Abwickler einer AG §§ 92 Abs. 2, 268 Abs. 2, 278 Abs. 3, 283 Nr. 14 AktG;

- für Geschäftsführer und Abwickler einer GmbH §§ 64, 71, 84 GmbHG;

Aus den gesetzlichen Regelungen ergibt sich, daß den Gesellschaftern einer juristischen Person unbenommen ist, eventuelle Insolvenzgründe zu beseitigen und bei fehlender Sanierungswürdigkeit einer Unternehmung die Liquidation zu betreiben. Die Entscheidung für die Liquidation bedarf keiner "besonderen Legitimation".

Die Konkursantragsverpflichtung soll Unregelmäßigkeiten bei der Geschäftsführung in der Insolvenz vermeiden und gleichzeitig die Gläubiger schützen. Bei der gesellschaftsrechtlichen Liquidation drohen keine Unregelmäßigkeiten, weil eine Insolvenz nicht vorliegt.

Bei der Abwägung, in welcher Form die Liquidation durchgeführt werden soll, ist es nicht ermessensfehlerhaft, wenn die Treuhandanstalt als alleinige Gesellschafterin von Treuhandunternehmen

- die Außenwirkung ihres Verhaltens,

- den eventuell eintretenden Vertrauensverlust bei einer Gesamtvollstreckung,

- die Sozialverträglichkeit der Maßnahme,

- die Akzeptanz durch die Bevölkerung

bei ihren Überlegungen ins Kalkül zieht.

Der politische Auftrag der Treuhandanstalt ist darauf gerichtet, die früher der sozialistischen Planwirtschaft unterstehenden Betriebe in die soziale Marktwirtschaft zu führen. Die Treuhandanstalt ist nicht im üblichen Sinn der größte Gläubiger, der sich jeder auch noch so rigiden Maßnahme zur Durchsetzung der Forderung bedienen kann und deshalb Zwangsvollstreckungsmaßnahmen zu veranlassen hat. Dies muß umso mehr bedacht werden, als jede Zwangsvollstreckung in den Augen der Bevölkerung ein Unwerturteil enthält und zu einem weiteren Identitätsverlust führen kann.

Es ist auch nicht zu beanstanden, daß die Treuhandanstalt bei ihrer Entscheidung berücksichtigt, daß sie bei der Liquidation auf den Liquidator als Gesellschafter Einfluß nehmen kann, während die Einflußmöglichkeiten im Gesamtvollstreckungsverfahren auf den Gesamtvollstreckungsverwalter nur in geringem Umfang gegeben sind, zumal häufig im Gesamtvollstreckungsverfahren die Gläubigerstellung der Treuhandanstalt bestritten wird.

> Siehe auch
> VG Berlin ZIP 1993, 469.

Zu der Frage, ob die Liquidation oder die Gesamtvollstreckung, d.h. das Konkursverfahren bei nicht sanierungswürdigen Treuhandunternehmen die richtige Abwicklungsform ist, behauptet Haarmeyer,

> NWB Infodienst DDR spezial 33/92
> vom 14. 8. 1992, S. 1,

"daß sich der Gesetzgeber eindeutig für die Gesamtvollstreckung als Regel entschieden habe".

Diese Rechtsmeinung stimmt mit der tatsächlichen Rechtslage nicht überein.

Mit der Einführung der Wirtschafts-, Währungs- und Sozialunion zum 1. Juli 1990 ist für den Bereich der fünf neuen Bundesländer das Wirtschafts- und Gesellschaftsrecht der alten Bundesrepublik, insbesondere das Aktien- und das GmbH-Gesetz nach Maßgabe der Ergänzungen des Einigungsvertrags in Kraft getreten (Anlage I Kapitel III, Sachgebiet D, Abschnitt III Nr. 6 und 7).

In dem Aktiengesetz ist die Liquidation in den §§ 262 ff geregelt. In dem GmbH-Gesetz erfolgt die Regelung in den §§ 60 ff.

Nur dann, wenn ein Gläubigerschutz in Frage kommt, also dann, wenn die Gesellschaft überschuldet oder zahlungsunfähig ist und die Gesellschafter die Konkursantragsgründe nicht beseitigen, besteht die Verpflichtung zur Einleitung eines Gesamtvollstreckungsverfahrens.

IV. Die dogmatische Grundlage der Liquidation

Nach § 262 Abs. 1 Nr. 2 AktG wird die Aktiengesellschaft durch Beschluß der Hauptversammlung aufgelöst. Für die Gesellschaft mit beschränkter Haftung bestimmt § 60 Nr. 1 GmbHG, daß die Gesellschaft durch Beschluß der Gesellschafter aufgelöst wird.

Die Auflösung bezeichnet lediglich eine Zweckänderung hinsichtlich der Gesellschaft. An die Stelle des bisherigen, regelmäßig auf Gewinnerzielung durch den Betrieb des Gesellschaftsunternehmens gerichteten Zweck tritt nunmehr der Abwicklungszweck. Die Aktiengesellschaft bzw. die Gesellschaft mit beschränkter Haftung besteht fort, um ihr Vermögen zu versilbern und den nach Befriedigung der Gläubiger verbleibenden Überschuß unter die Aktionäre bzw. die Gesellschafter zu verteilen.

> Hüffer, in: Geßler u. a., AktG,
> § 262 Rz. 4.

Während die Auflösung der Gesellschaft lediglich den Abwicklungsbeginn bezeichnet, spricht man von der Beendigung, wenn sie als juristische Person untergeht. Zwischen Auflösung und Beendigung der Gesellschaft liegt das Abwicklungsstadium. In diesem Stadium bleibt die rechtliche Natur der Aktiengesellschaft und der Gesellschaft mit beschränkter Haftung sowie die Eigenschaft als Formkaufmann erhalten. Auch die Firma bleibt, abgesehen vom Liquidationszusatz (§ 269 Abs. 6 AktG, §§ 69, 4 GmbHG), unverändert. Für die Durchführung der Abwicklung treten bei der Aktiengesellschaft die Abwickler an die Stelle des Vorstandes (§§ 265, 268 AktG), bei der Gesellschaft mit beschränkter Haftung tritt der Liquidator an die Stelle der Geschäftsführung (§ 70 GmbHG). Sie übernehmen auch die organschaftliche Vertretung (§ 269 AktG, § 70 GmbHG).

Der Aufsichtsrat und die Hauptversammlung der Aktiengesellschaft bleiben als Gesellschaftsorgane bestehen (§ 264 Abs. 2 AktG).

Der Untergang der juristischen Person wird als Beendigung oder Erlöschen bezeichnet. Dieser wird bewirkt durch die Löschung im Handelsregister.

Aus dem Vorstehenden ergibt sich folgende begriffliche Klärung:

Die **Auflösung** ist die Zweckänderung, die aus der werbenden Gesellschaft eine Abwicklungsgesellschaft macht. Die **Abwicklung** oder die **Liquidation** ist das Verfahren, das der Verflüssigung des Vermögens, d.h. der Befriedigung der Gläubiger und der Verteilung des Liquidationsüberschusses dient. **Beendigung und Erlöschen** treten bei Vermögenslosigkeit der Gesellschaft ein, wenn dies im Handelsregister eingetragen ist.

Hüffer, in: Geßler u. a., AktG,
§ 262 Rz. 10.

V. Der Auflösungsbeschluß

Die Hauptversammlung der Aktiengesellschaft (§ 262 Abs. 1 Nr. 2 AktG) bzw. die Gesellschafter der Gesellschaft mit beschränkter Haftung (§ 60 Nr. 2 GmbHG) können die Auflösung der Gesellschaft beschließen. Der Inhalt des Beschlusses muß beinhalten, daß die werbende Tätigkeit der Gesellschaft eingestellt und daß stattdessen die Abwicklung betrieben wird.

Über den Beschluß der Hauptversammlung, eine Aktiengesellschaft aufzulösen, ist eine notarielle Niederschrift erforderlich (§ 130 AktG).

Die Gesellschafter einer Gesellschaft mit beschränkter Haftung können den Beschluß mündlich, schriftlich oder gar konkludent fassen.

> Hüffer, in: Geßler u. a., AktG,
> § 262 Rz. 29;
> OLG Frankfurt GmbHR 1980, 57.

Das Recht der Hauptversammlung, über die Auflösung zu beschließen, ist unentziehbar und nicht delegierbar (§ 23 Abs. 5 AktG). Das gleiche gilt für das Recht der Gesellschafter bei der Gesellschaft mit beschränkter Haftung (§ 46 GmbHG). Dies bedeutet, daß das Recht zur Auflösung weder durch Satzung, noch durch Hauptversammlungsbeschluß bzw. Gesellschafterbeschluß anderen Instanzen übertragen werden kann.

> Hüffer, in: Geßler u. a., AktG,
> § 262 Rz. 35.

Die nach § 263 AktG bzw. § 65 GmbHG erforderliche Eintragung in das Handelsregister hat nur deklaratorische Bedeutung.

> Hüffer, in: Geßler u. a., AktG,
> § 262 Rz. 36.

Der Beschluß der Hauptversammlung bzw. der Gesellschafter bedarf der Mehrheit, die in § 262 AktG bzw. § 60 GmbHG vorgeschrieben ist.

VI. Die Handelsregisteranmeldung

1. bei der Aktiengesellschaft

Der Vorstand hat die Auflösung der Gesellschaft zur Eintragung in das Handelsregister anzumelden. Die Anmeldung erfolgt in öffentlich beglaubigter Form (§ 12 HGB). Zuständig ist das Amtsgericht des Gesellschaftssitzes (§§ 14, 125 ff AktG).

Die Verpflichtung des Vorstands zur Handelsregisteranmeldung besteht selbst dann, wenn die Auflösung bereits wirksam ist. Die Auflösung der Aktiengesellschaft wird nicht von den Abwicklern angemeldet.

> Hüffer, in: Geßler u. a., AktG,
> § 263 Rz. 7.

2. bei der Gesellschaft mit beschränkter Haftung

§ 65 GmbHG bezeichnet nicht die anmeldepflichtigen Personen. Ob die Geschäftsführer oder/und die Liquidatoren zur Anmeldung befugt bzw. verpflichtet sind, ist streitig. Regelmäßig ist der jeweilige Vertreter der Gesellschaft mit beschränkter Haftung anmeldepflichtig, das sind regelmäßig die Liquidatoren, da bei der Anmeldung die Auflösungswirkung bereits eingetreten ist. Problematisch ist dies nur dann, wenn der bisherige Geschäftsführer ausgeschieden ist und ein Liquidator noch nicht im Amt ist. In diesem vertretungslosen Zwischenstadium ist der bisherige Geschäftsführer aufgrund der Nachwirkung seines Amts anmeldepflichtig.

VII. Überblick über das Abwicklungsverfahren

Nach der Auflösung der Gesellschaft liegt die Abwicklung der Aktiengesellschaft bzw. der Gesellschaft mit beschränkter Haftung in der Verantwortung der Gesellschaftsorgane. Sie sind gehalten, die Gläubigerrechte zu wahren und im Interesse der Aktionäre bzw. der Gesellschafter das bestmöglichste Liquidationsergebnis zu erzielen. An die Stelle des bisherigen Vorstandes bei der Aktiengesellschaft bzw. der Geschäftsführung bei der Gesellschaft mit beschränkter Haftung treten die Abwickler bzw. die Liquidatoren. Im gesetzlichen Regelfall besteht Personenidentität mit dem bisherigen Vorstand (§ 265 AktG) bzw. dem Geschäftsführer (§ 66 GmbHG).

Die Abwickler bzw. die Liquidatoren sowie ihre Vertretungsbefugnis sind in das Handelsregister einzutragen (§ 266 AktG, § 70 GmbHG).

Die Abwickler bzw. Liquidatoren sind verpflichtet, die Gläubiger aufzufordern, sich zu melden (§ 267 AktG, § 65 GmbHG), die laufenden Geschäfte zu beenden und das Gesellschaftsvermögen einschließlich der Forderungen in Geld umzusetzen. Im Rahmen des Abwicklungszwecks dürfen die Abwickler bzw. Liquidatoren auch neue Geschäfte eingehen (§ 268 AktG, § 70 GmbHG).

Die Vertretung der Gesellschaft liegt bei dem Abwickler bzw. den Liquidatoren, und zwar ohne Beschränkung durch den Abwicklungszweck (§ 269 AktG, § 70 GmbHG).

Die Pflicht zur Rechnungslegung umfaßt die Aufstellung der Abwicklungsbilanz und des Abwicklungsjahresabschlusses sowie die Erstellung der dazugehörigen Berichte (§ 270 Abs. 1 AktG, § 71 GmbHG). Die Bilanzfeststellung erfolgt bei der Aktiengesellschaft abweichend von § 172 AktG nicht durch die Abwickler und den Aufsichtsrat, sondern durch die Hauptversammlung (§ 270 Abs. 2 AktG). Bei der Gesellschaft mit beschränkter Haftung erfolgt die Feststellung durch die Gesellschafter (§ 46 GmbHG).

Ein Abwicklungsüberschuß ist unter die Aktionäre (§ 271 AktG) bzw. unter die Gesellschafter (§ 72 GmbHG) zu verteilen, nachdem seit dem Gläubigeraufruf ein Sperrjahr verstrichen ist (§ 272 AktG, § 73 GmbHG).

Der Schluß der Abwicklung ist zur Eintragung in das Handelsregister anzumelden. Die Gesellschaft ist dann von Amts wegen zu löschen. Bis zum Beginn der Vermögensverteilung ist die Fortsetzung der Gesellschaft zulässig, soweit nicht ein öffentliches Interesse, besonders solche der Gesellschaftsgläubiger, der Wiederaufnahme der werbenden Tätigkeit entgegenstehen.

> Hüffer, in: Geßler u. a., AktG,
> § 264 Rz. 5.

VIII. Einzelne Abwicklungskomplexe

1. Die Gesellschaftsstruktur

a) Die Aktiengesellschaft

Die Aktiengesellschaft bleibt ungeachtet der Auflösung eine Gesellschaft mit eigener Rechtspersönlichkeit (§ 1 AktG). Es bleibt der Charakter als Handelsgesellschaft erhalten, und zwar selbst dann, wenn sich die Abwicklung nicht als vollkaufmännisches Gewerbe qualifizieren läßt (§ 3 AktG).

> Hüffer, in: Geßler u. a., AktG,
> § 264 Rz. 50.

Die Individualisierung der Gesellschaft erfolgt durch Firma und Sitz (§§ 4, 5 AktG). Der Firma ist jedoch der Abwicklungszusatz "i. L." hinzuzufügen (§ 269 Abs. 6 AktG).

Als juristische Person ist die aufgelöste Aktiengesellschaft parteifähig (§ 50 ZPO). Die Auflösung als solche bewirkt nicht die Unterbrechung von Rechtsstreiten nach § 239 ZPO. Etwas anderes gilt nur, wenn die Gesellschaft vorübergehend vertretungslos wird.

b) Die Gesellschaft mit beschränkter Haftung

Auch die aufgelöste Gesellschft mit beschränkter Haftung bleibt juristische Person und behält sämtliche damit verbundenen Fähigkeiten, wie z. B. die Rechtsfähigkeit, die Parteifähigkeit,

OLG Frankfurt BB 1979, 1630,

die Grundbuchfähigkeit. Die Gesellschaft bleibt als Formkaufmann (§ 13 Abs. 3 GmbHG) Handelsgesellschaft nach § 6 HGB. Sie ist voll geschäftsfähig und verliert auch nicht einen Teil ihrer Rechtsfähigkeit dergestalt, daß sie keine "werbenden Geschäfte" mehr durchführen könnte.

BGH WM 1964, 152.

2. Die Gesellschaftsorgane

a) bei der Aktiengesellschaft

An die Stelle des **Vorstands** treten die Abwickler, die im gesetzlichen Regelfall mit den Vorstandsmitgliedern identisch sind (§ 265 Abs. 1 AktG).

In den dem Geltungsbereich des Montan-Mitbestimmungsgesetzes unterliegenden Unternehmen wird auch der Arbeitsdirektor Abwickler (§ 265 Abs. 1 und 6 AktG i. V. m. § 13 Abs. 2 MontanMitbestG).

Dem Montan-Mitbestimmungsgesetz vom 21. Mai 1951 (BGBl I, 347), zuletzt geändert am 19. Dezember 1985 (BGBl I, 2355), unterfallen Aktiengesellschaften, Gesellschaften mit beschränkter Haftung oder bergrechtliche Gewerkschaften mit eigener Rechtspersönlichkeit, sofern sie mehr als 1.000 Arbeitnehmer beschäftigen und die im Mitbestimmungsgesetz näher bezeichneten Unternehmenszwecke verfolgen.

Das Mitbestimmungsgesetz vom 4. Mai 1976 (BGBl I, 1153) gilt für Unternehmen mit eigener Rechtspersönlichkeit, die in der Regel mehr als 2.000 Arbeitnehmer beschäftigen. Hierunter fallen u. a. Aktiengesellschaften, Kommanditgesellschaften (KG) auf Aktien, Gesellschaften mit beschränkter Haftung, bergrechtliche Gewerkschaften mit eigener Rechtspersönlichkeit, Kommanditgesellschaften, deren Vertretungsperson eine juristische Person ist, mit Ausnahme von sogenannten Tendenzbetrieben (§ 118 BetrVG).

Beide Gesetze sind nach Anlage I Kapital VIII Geschäftsbereich des Bundesministers für Arbeit und Sozialordnung (Arbeitsrechtsordnung) Abschnitt III Nr. 10 und 11 EinigungsV in Kraft getreten.

Zur Gewährleistung, daß der im Aufsichtsrat institutionalisierte Einfluß der Arbeitnehmerseite auch im Abwicklungsstadium erhalten bleibt, können weder Satzung noch die Hauptversammlung etwas anderes bestimmen. Der Arbeitsdirektor kann auch weder vom Gericht noch von der Hauptversammlung abberufen werden. Es besteht lediglich die Möglichkeit, den Arbeitsdirektor aus wichtigem Grund durch den Aufsichtsrat abzuberufen (§ 84 AktG). Im Geltungsbereich des Mitbestimmungsgesetzes gilt dahingegen die in § 265 Abs. 1 bis 5 AktG getroffene Regelung. Dies bedeutet, daß die Satzung oder der Beschluß der Hauptversammlung einen eingliedrigen Vorstand festlegen können und daß die Hauptversammlung Abwickler, die nicht vom Gericht bestellt sind, jederzeit abrufen kann.

In den dem Geltungsbereich des Montan-Mitbestimmungsgesetzes unterliegenden Unternehmen kann nach § 13 Abs. 1 Satz 2 Montan-MitbestG der Arbeitsdirektor nicht gegen die Stimmen der Mehrheit der Arbeitnehmervertreter im Aufsichtsrat berufen werden. Der Arbeitsdirektor hat die Stellung eines gleichberechtigten Mitglieds des Vertretungsorgans und nimmt an der Erledigung aller Aufgaben teil, die das Organ als solches zu erfüllen hat. Hinsichtlich seiner Vertretungsbefugnis ist zu unterscheiden: Besteht gemeinschaftliche Vertretung aller Mitglieder des Vertretungsorgans (§ 78 Abs. 2 AktG, § 35 Abs. 2 Satz 2 GmbHG, § 25 Abs. 1 Satz 2 GenG), so hängt die rechtswirksame Vertretung des Unternehmens auch von der Mitwirkung des Arbeitsdirektors ab. Sieht die Satzung bzw. die Geschäftsordnung Einzelvertretung oder eine Gesamtvertretung vor, darf der Arbeitsdirektor nicht schlechter gestellt werden als die übrigen Mitglieder.

>   Raiser, Mitbestimmungsgesetz,
>   § 33 Rz. 28 m.w.N.

Der von § 33 MitbestG garantierten Gleichberechtigung des Arbeitsdirektors mit den anderen Mitgliedern des Vertretungsorgans entspricht es, daß ihn auch dieselben Pflichten treffen. Der Arbeitsdirektor ist kein Delegierter der Arbeitnehmerschaft oder Exponent der Gewerkschaft, sondern ein unabhängiges Mitglied der Unternehmensleitung.

>   Boldt, § 13 MontanMitbestG
>   Anm. 4 a.

Als solches hat er sein Amt in eigener Verantwortung zu führen und haftet gemäß § 93 AktG, § 43 GmbHG und § 34 GenG für die Sorgfalt eines ordentlichen Geschäftsmanns bzw. Unternehmensleiters.

Die **Vergütungsansprüche** von Vorstandsmitgliedern, die zu Abwicklern geworden sind, bestimmen sich über die Auflösung der Aktiengesellschaft hinaus nach dem zwischen ihnen und der Aktiengesellschaft geschlossenen Anstellungsvertrag. Der Gehaltsanspruch bleibt grundsätzlich unberührt. Der Aufsichtsrat kann jedoch dann eine angemessene Herabsetzung des Gehaltsanspruchs vornehmen, wenn die Fortgewährung der Bezüge wegen wesentlicher Verschlechterung der Gesellschaftsverhältnisse eine schwere Unbilligkeit für die Aktiengesellschaft sein würde (§§ 87 Abs. 2 i. V. m. 264 Abs. 2 AktG). Eine gewinnabhängige Tantieme kann dagegen nicht mehr gewährt werden, weil ein Jahresgewinn während der Abwicklung nicht ermittelt wird.

Allerdings kann - wenn der Anstellungsvertrag für diesen Fall nichts bestimmt - durch ergänzende Vertragsauslegung (§ 157 BGB) dem Abwickler ein Anspruch auf Zahlung eines Ausgleichsbetrags zustehen, der die Gesamtbezüge des Vorstandesmitglieds wieder auf eine angemessene Höhe bringt (§§ 87 Abs. 1 i. V. m. 264 Abs. 2 AktG).

>   Hüffer, in: Geßler u. a., AktG,
>   § 264 Rz. 57.

Der **Aufsichtsrat** bleibt im Amt und behält seine Überwachungsaufgabe (§ 268 Abs. 2 Satz 2 AktG). Abweichungen gegenüber der werbenden Gesellschaft bestehen in zwei Punkten. Zum einen verliert der Aufsichtsrat mit der Auflösung der Gesellschaft seine Personalkompetenz, weil die Vorstandsmitglieder nach § 265 Abs. 1 AktG gesetzlich berufene Abwickler sind und nach § 265 Abs. 2 Satz 1 AktG für die Bestellung anderer Personen ein Hauptversammlungsbeschluß erforderlich ist. Zum anderen ist der Aufsichtsrat nicht mehr für die Feststellung des Jahresabschlusses zuständig. Entgegen § 172 AktG wird diese Aufgabe § 270 Abs. 2 AktG der Hauptversammlung übertragen. Der Aufsichtsrat behält seine Vergütungsansprüche. Ein in der Satzung oder im Beschluß der Hauptversammlung (§ 113 AktG) zugesagter Festbetrag wird von der Aktiengesellschaft geschuldet, bis die Hauptversammlung die Satzung ändert oder durch einen Beschluß korrigiert. Eine Tantieme auf der Basis bilanzmäßig festgestellten Jahresgewinns kann nicht gewährt werden, weil in der Abwicklung ein Jahresgewinn nicht festgestellt wird.

>   Hüffer, in: Geßler u. a., AktG,
>   § 264 Rz. 58.

Die **Hauptversammlung** bleibt während der Abwicklung als Gesellschaftsorgan bestehen. Grundsätzlich sind deshalb die §§ 118 ff AktG anwendbar. Die Rechte des Gesellschaftsorgans werden durch § 265 Abs. 2 Satz 1 AktG und § 270 Abs. 2 AktG erweitert.

Die Beschlüsse, die von der Hauptversammlung während der Abwicklung gefaßt werden, können wegen Gesetzes- oder Satzungswidrigkeit nichtig (§ 241 AktG) oder anfechtbar (§§ 243 ff AktG) sein.

b) **bei der Gesellschaft mit beschränkter Haftung**

An die Stelle der **Geschäftsführer** treten bei der Gesellschaft mit beschränkter Haftung die Liquidatoren. Die aufgelöste Gesellschaft kann Bevollmächtigte und Prokuristen haben. Eine Gesamtvertretung durch Liquidator und Prokurist ist möglich.

Scholz, GmbHG, § 69 Rz. 7.

Des weiteren behält die Gesellschaft ihr höchstes Organ, die Gesellschaftergesamtheit und - soweit gebildet - auch den Aufsichtsrat. Satzungsänderungen dürfen bei der Aktiengesellschaft die Hauptversammlung und bei der Gesellschaft mit beschränkter Haftung die Gesellschafter beschließen.

3. **Die Kapitalaufbringungsregeln**

Die Kapitalaufbringungsregeln (§§ 19 bis 25 GmbHG) gelten auch in der Liquidation. Der Gesellschafter bleibt zur Einzahlung der Einlage verpflichtet.

RGZ 93, 327.

Ausstehende Stammeinlagen können ohne Rücksicht auf vertraglich bedungene Termine eingefordert werden. Eines Beschlusses nach § 46 Abs. 2 GmbHG bedarf es nicht. Allerdings erfolgt die Einforderung nach Auflösung der Gesellschaft mit beschränkter Haftung nur unter Berücksichtigung des Liquidationszwecks. Die Einforderung kann nur insoweit erfolgen, als dies zur Erfüllung der Liquidationsaufgabe - d.h. insbesondere zur Gläubigerbefriedigung - erforderlich ist.

> Scholz, GmbHG, § 69 Rz. 21.

Auch die Vorschriften über die Nachschüsse (§§ 26 ff GmbHG) sind modifiziert anwendbar. Soweit die Einforderung vor der Auflösung beschlossen war, hat der Liquidator die Beträge einzufordern, soweit dies zur Gläubigerbefriedigung erforderlich ist.

> Scholz, GmbHG, § 69 Rz. 24.

Bei der Aktiengesellschaft ist eine Kapitalerhöhung zulässig, sofern es sich nicht um eine Kapitalerhöhung aus Gesellschaftsmitteln handelt (§§ 207 ff AktG).

> Hüffer, in: Geßler u. a., AktG,
> § 264 Rz. 63.

Das gleiche gilt für die Gesellschaft mit beschränkter Haftung, da die Kapitalerhöhung vielfach die unentbehrliche Voraussetzung für einen Fortsetzungsbeschluß darstellt.

> Scholz, GmbHG, § 69 Rz. 39.

Sowohl bei der Aktiengesellschaft als auch bei der Gesellschaft mit beschränkter Haftung ist die Kapitalherabsetzung zulässig,

> OLG Frankfurt NJW 1974, 463,

und zwar dann, wenn die Gläubigersicherungen des Liquidationsrechts beachtet werden, namentlich das Sperrjahr abgelaufen ist (§ 73 GmbHG).

Die Gewinnausschüttung (§ 29 GmbHG) ist nur möglich, wenn ein Gewinnverwendungsbeschluß vor der Auflösung getroffen wurde. Allerdings sind die Grundsätze zu kapitalersetzenden Darlehen zu beachten, da die Schutzregeln der §§ 30, 31 GmbHG neben § 73 GmbHG anwendbar sind.

Modifiziert gilt in der Liquidation auch die Regelung zu den Gesellschafterbeschlüssen (§ 46 GmbHG).

4. Die Pflichten der Abwickler/Liquidatoren

Die Pflichten der Abwickler für die Aktiengesellschaft und die Pflichten der Liquidatoren für die Gesellschaft mit beschränkter Haftung ergeben sich deckungsgleich aus § 268 AktG, § 70 GmbHG.

Die Abwickler/Liquidatoren sind die Geschäftsführungsorgane und damit die organschaftlichen Vertreter der aufgelösten AG/GmbH mit. Die Hauptversammlung bzw. die Gesellschafterversammlung dürfen in die Liquidation nicht eingreifen. Die Delegation des Liquidatorenamts, d. h. eine regelrechte Übertragung der Abwicklungstätigkeit bzw. Liquidationstätigkeit auf Dritte, und zwar dergestalt, daß der Liquidator ausscheidet, ist unzulässig und nichtig. Die Abwickler/Liquidatoren können aber wie zuvor die Geschäftsführer Handlungsbevollmächtigte bestellen, und zwar auch Generalhandlungsbevollmächtigte. Auch können Prokuristen bestellt werden.

Scholz, GmbHG, § 70 Rz. 1.

Nach der Formulierung der § 268 Abs. 1 AktG, § 70 GmbHG erfolgt die Abwicklung durch Zerschlagung der Gesellschaft. Dies ist jedoch eine zu enge Sicht, da es die Aufgabe der Abwickler/Liquidatoren ist, die bestmöglichste Verwertung des Gesellschaftsvermögens zu erreichen.

a) Die Abwicklung laufender Geschäfte

Die Abwickler/Liquidatoren haben die laufenden Geschäfte zu beendigen. Zu diesem Zweck der Abwicklung können sie auch neue Geschäfte eingehen. Dies bedeutet, daß nicht sofort alle laufenden Verträge gekündigt und die Betriebe stillgelegt werden müssen.

Scholz, GmbHG, § 70 Rz. 7.

Vielmehr ist auch die vorübergehende Betriebsfortführung nicht nur zulässig, sondern sogar unter Umständen geboten. Dies bedeutet, daß angefangene Geschäfte, wie z. B. Bauten, Reparaturen, fertigzustellen sind.

Den Abwicklern/Liquidatoren obliegt es, eingehende Gelder sachgemäß anzulegen und schwebende Prozesse zu Ende zu führen.

b) **Die Erfüllung von Gesellschaftsverbindlichkeiten**

Eine der Hauptaufgaben der Abwickler/Liquidatoren ist die Erfüllung von Gesellschaftsverbindlichkeiten. Deshalb kann auch eine unbestrittene Forderung eines Gesellschafters gegen eine noch ausstehende Einlageschuld verrechnet werden, soweit nicht § 19 Abs. 2 GmbHG verletzt und kein Gläubiger beeinträchtigt wird.

BGH DB 1970, 290.

Hat der Liquidator selbst einen Anspruch gegen die Gesellschaft, so kann er sich aus der Liquidationsmasse selbst befriedigen. § 181 BGB steht nicht entgegen, da es sich um die Erfüllung einer Verbindlichkeit handelt. Pflichtwidrig handelt der Liquidator jedoch, wenn er sich auf diese Weise einen Vorteil gegenüber anderen Gläubigern verschafft.

Unter den Individualgläubigern gibt es grundsätzlich keine Rangordnung. Alle bekannten Gläubiger stehen einander gleich. Auch Gläubiger aus neuen Geschäften sind nicht anders zu behandeln als Altgläubiger. Es gibt keinen allgemeinen Grundsatz gleichmäßiger Befriedigung. Ist die Gesellschaft überschuldet, müssen die Abwickler/Liquidatoren für die Einleitung eines Insolvenzverfahrens sorgen.

Betagte Verbindlichkeiten der Gesellschaft müssen sichergestellt werden, bis sie fällig werden.

Scholz, GmbHG, § 70 Rz. 11.

Zur Erfüllung von Verbindlichkeiten darf der Abwickler/Liquidator auch andere Geschäfte eingehen. Selbst die Aufnahme von Darlehen zwecks schnellerer Befriedigung drängender Gläubiger oder die Ausstellung oder Prolongation von Wechseln kann als Liquidationsgeschäft zur Erfüllung von Verbindlichkeiten zulässig sein.

Scholz, GmbHG, § 70, Rz. 11.

c) Die Einziehung von Forderungen

Die Einziehung von Forderungen ist ein typisches Liquidationsgeschäft. Hier wird für eine liquide Abwicklungsmasse gesorgt. Erfaßt werden auch die Ansprüche gegen die Gesellschafter, insbesondere die Ansprüche auf Stammeinlagenrückstände. Jedoch ist die Einforderung gesellschaftlicher Leistungen durch den Liquidationszweck begrenzt. Der in Anspruch genommene Gesellschafter kann nicht mit einem Anspruch auf die Liquidationsquote aufrechnen, denn diese steht noch nicht fest, ist auch erst nach Ablauf des Sperrjahres fällig. Soweit aber ein Überschuß zugunsten des Gesellschafters feststeht, ist die Einforderung der Stammeinlage nicht durch den Liquidationszweck gerechtfertigt und kann von den Gesellschaftern verweigert werden.

Scholz, GmbHG, § 70 Rz. 12.

d) Die Verwertung des Vermögens

Ein typisches Liquidationsgeschäft ist die Verwertung des Vermögens, wozu auch die Unternehmensveräußerung gehört. Das Recht der Abwickler/Liquidatoren zur Unternehmensveräußerung ist anerkannt.

Vgl. OLG Hamm BB 1954, 913.

Ein Liquidator, der die Unternehmensveräußerung schuldhaft, insbesondere eigenmächtig, vereitelt, macht sich schadensersatzpflichtig.

>BGH WM 1955, 27.

Der Liquidator darf das Unternehmen auch an einen Gesellschafter verkaufen. Allerdings muß er der Gefahr einer Pflichtverletzung zum Nachteil der Mitgesellschafter begegnen, beispielsweise dergestalt, daß er das Unternehmen auch den anderen Gesellschaftern anbietet. Auf sich selbst kann der Liquidator das Unternehmen nach § 181 BGB nur mit Zustimmung der Gesellschafter übertragen.

>Scholz, GmbHG, § 70 Rz. 14.

Sowohl bei der Aktiengesellschaft als auch bei der GmbH kann die Gesellschaftsfirma veräußert werden. Erforderlich ist, daß dem Erwerber der Unternehmenskern verschafft wird.

>Hüffer, in: Geßler u. a., AktG,
>§ 268 Rz. 7;
>BGH BB 1977, 1015.

Der Erwerber darf auch eine Sachfirma weiterführen (§ 4 AktG, § 4 GmbHG). Hat die aufgelöste Gesellschaft ihre Firma veräußert, ist sie gezwungen für den Rest ihrer Existenz, also bis zur Löschung, im Handelsregister eine Ersatzfirma anzunehmen.

>Hüffer, in: Geßler u. a., AktG,
>§ 268 Rz. 8.

Neben der Veräußerung des Unternehmens kann die Errichtung einer neuen Gesellschaft - etwa als vorbereitende Maßnahme einer für später geplanten Unternehmensveräußerung - sinnvoll sein. Die entsprechenden Erklärungen für die Aktiengesellschaft oder die Gesellschaft mit beschränkter Haftung abzugeben, liegt innerhalb des Geschäftskreises der Abwickler/Liquidatoren. Ihre Mitwirkung an der Errichtung einer neuen Gesellschaft ist zulässig.

> Hüffer, in: Geßler u. a., AktG,
> § 268 Rz. 10.

Eine Betriebsaufspaltung - also die Verpachtung des Geschäftsbetriebs an eine neu errichtete Gesellschaft, deren Anteile von der aufgelösten Aktiengesellschaft bzw. Gesellschaft mit beschränkter Haftung gehalten werden, oder umgekehrt die Verpachtung des Anlagevermögens - ist mit dem Abwicklungszweck vereinbar. Dies insbesondere dann, wenn das Unternehmen veräußert werden soll und wegen sanierender Maßnahmen vorläufig fortgeführt werden muß.

> Hüffer, in: Geßler u. a., AktG,
> § 268 Rz. 11.

Die Ausgliederung von Unternehmensteilen ist zulässig, wenn sie der Abwicklung dient. Von einer Ausgliederung spricht man dann, wenn das Gesellschaftsunternehmen ganz oder teilweise als Sacheinlage in eine neu errichtete Gesellschaft eingebracht wird.

> Hüffer, in: Geßler u. a., AktG,
> § 268 Rz. 12.

e)   **Neue Geschäfte**

Neue Geschäfte müssen nach dem Wortlaut des Gesetzes grundsätzlich der Beendigung schwebender Geschäfte dienen.

Bei Abschluß neuer Geschäfte ist die Überschreitung des Liquidationszweckes, also die faktische Rückumwandlung zu einer werbenden Gesellschaft, unzulässig. Neue Geschäfte müssen, um liquidationsmäßig zu sein, objektiv geeignet sein, dem Abwicklungszweck zu dienen und subjektiv auch zu diesem Zwecke vorgenommen werden.

> Scholz, GmbHG, § 70 Rz. 16.

Trotzdem kann neues Personal eingestellt werden, wenn es für die Abwicklung benötigt wird. Auch die Erwirkung oder Verlängerung von Patenten und Musterschutzrechten kann erforderlich sein, wenn dadurch eine vorteilhaftere Veräußerung der Gesellschaft erwartet werden kann. Der Erwerb von Grundstücken unter Inanspruchnahme erheblicher Bankkredite kann jedoch die Grenzen sprengen.

OLG Karlsruhe GmbHR 1960, 24.

Zulässigerweise kann der Liquidator bei Treuhandunternehmen nicht benötigte Liquidität aus Liquiditätsdarlehen der Treuhandanstalt im Rahmen eines Rückdarlehens wieder der Treuhandanstalt zuführen, wenn

- eine marktgerechte Verzinsung erfolgt,

- eine definitive abgesicherte Rückzahlungsverpflichtung der Treuhandanstalt statuiert ist,

- der Liquidator des Treuhandunternehmens die Darlehensforderung beim unmittelbaren eigenen Liquiditätsbedarf kurzfristig fälligstellen kann.

Es liegt dann weder ein Verstoß gegen § 30 Abs. 1 GmbHG (§ 57 AktG) noch gegen § 73 Abs. 1 GmbHG (§ 252 AktG) noch eine verdeckte Gewinnausschüttung vor, was sich aus folgendem ergibt:

Verstoß gegen § 30 GmbHG, § 57 AktG

Gemäß § 30 Abs. 1 GmbHG darf das zur Erhaltung des Stammkapitals erforderliche Vermögen der Gesellschaft an die Gesellschafter nicht ausgezahlt werden.

§ 30 Abs. 2 GmbHG statuiert bestimmte Voraussetzungen für die Rückführung eingezahlter Nachschüsse an die Gesellschafter.

Nach § 57 AktG dürfen den Aktionären die Einlagen nicht zurückgewährt werden.

Bei den Liquidationsgesellschaften handelt es sich regelmäßig um Unternehmen, die mangels einer Feststellung der DM-Eröffnungsbilanz und einer damit gegebenenfalls verbundenen Neufestsetzung des Eigenkapitals bzw. Stammkapitals nur mit dem gesetzlich geforderten Mindesthaftkapital von DM 50.000,-- bei der GmbH und DM 10.000,-- bei der AG ausgestattet sind.

Angesichts des Geschäftsumfangs der Unternehmen liegt insoweit regelmäßig eine sogenannte Unterbilanz, d. h. eine zu geringe Ausstattung der Unternehmen mit Eigenkapital vor.

Dies ist die Konsequenz der Entstehungsgeschichte der Gesellschaften, die in der Regel nach Maßgabe der Bestimmungen des Treuhandgesetzes entstanden sind.

Die Tatsache der bis zur Feststellung der DM-Eröffnungsbilanz und einer Kapitalneufestsetzung zu geringen Eigenkapitalausstattung der Unternehmen hat u. a. zu der Diskussion geführt, ob die durch die Treuhandanstalt unmittelbar ausgereichten oder besicherten sogenannten Liquiditätskredite eigenkapitalersetzenden Charakter haben und dementsprechend gemäß §§ 32a und b GmbHG wie Eigenkapital zu behandeln sind.

Zwar hat der Gesetzgeber durch die Einführung des § 56e DMBilG eine Lösung dieser Frage angestrebt und statuiert, jedoch sind begründete Zweifel an der Verfassungsmäßigkeit und damit der Rechtmäßigkeit dieser Regelung geäußert worden.

§ 56e DMBilG besagt, daß die §§ 32a und b GmbHG nicht anzuwenden sind auf Kredite gemäß Art. 25 Abs. 7 EinigungsV und auf Kredite, welche die Treuhandanstalt der Gesellschaft gewährt oder für die sie eine Sicherung bestellt oder sich verbürgt hat.

Insoweit ist zu beachten, daß der Gesetzgeber jedenfalls nicht unmittelbar die Rechtsprechung des Bundesgerichtshofes aufheben kann und auch nicht aufgehoben hat, die letztlich zur Einführung des §§ 32 a und b GmbHG geführt hat.

>Vgl. insoweit zuletzt
>BGH NJW 1984, 1891, 1892.

Diese durch die Rechtsprechung entwickelten Grundsätze zur Frage des Eigenkapitalersatzes gelten danach weiter fort.

Zweifelsfragen hinsichtlich der möglichen Qualifizierung der Liquiditätskredite der Treuhandanstalt als Eigenkapitalersatz bleiben dementsprechend noch bestehen.

Diese Frage der Qualifizierung der Liquiditätskredite der Treuhandanstalt als Eigenkapitalersatz wird indes regelmäßig erst im Fall der Durchführung eines Gesamtvollstreckungsverfahrens über das Vermögen eines Treuhandunternehmens relevant, wo es letztlich darum geht, ob die Treuhandanstalt als Gesellschafterin und Darlehensgeberin die Darlehensforderung im Gesamtvollstreckungsverfahren geltend machen kann.

Hiervon zu unterscheiden ist die Frage, ob die gegebenenfalls als Eigenkapital haftenden Mittel ihrerseits als Darlehen an die Treuhandanstalt ausgereicht werden können.

Die Frage, ob die Liquiditätskredite der Treuhandanstalt trotz der Regelung des § 56e DMBilG als haftendes Eigenkapital zu behandeln sind, kann im vorliegenden Zusammenhang jedenfalls dann dahingestellt bleiben, wenn die Darlehensgewährung an die Treuhandanstalt selbst bei Behandlung der Liquiditätskredite als Eigenkapital nach Maßgabe des § 30 Abs. 1 GmbHG als zulässig zu qualifizieren ist.

Eine Darlehensgewährung der Gesellschaft an einen Gesellschafter wird jedenfalls von der herrschenden Meinung in der Literatur selbst bei Verwendung von Mitteln der Gesellschaft, die unter § 30 Abs. 1 GmbHG fallen, für zulässig erachtet.

>Rowedder, Kommentar zum GmbHG,
>2. Aufl., 1990, § 30 Rz. 14.

Zu beachten ist in diesem Zusammenhang, daß es sich bei der vorgesehenen Regelungsweise einer Darlehensvergabe des Treuhandunternehmens an die Treuhandanstalt nicht um eine Rückzahlung des ursprünglich durch die Treuhandanstalt gewährten Liquiditätskredits handelt.

Die Zahlung des Treuhandunternehmens an die Treuhandanstalt erfolgt gegebenenfalls nicht zur Tilgung der eigenen Darlehensverbindlichkeit, sondern gegebenenfalls in Erfüllung der gegenüber der Treuhandanstalt vertraglich begründeten Verpflichtung als Darlehensgeber.

Daraus wird deutlich, daß die liquiden Mittel nicht endgültig abfließen, sondern die liquiden Mittel zunächst ersetzt werden durch einen Rückzahlungsanspruch gegenüber der Treuhandanstalt als Darlehensnehmer.

In der Literatur wird eine Darlehensvergabe unter dem Aspekt des § 30 Abs. 1 GmbHG jedenfalls dann als zulässig erachtet, wenn die Konditionen des Darlehens marktüblich sind und der Gesellschafter für die Rückzahlung des Darlehens eine einwandfreie Bonität aufweisen kann.

Die Beeinträchtigung der Liquidität der Gesellschaft soll - jedenfalls unter dem Aspekt des § 30 Abs. 1 GmbHG - keine Relevanz haben, jedoch gesondert zu prüfen sein, nämlich im Hinblick auf die Frage einer unter Umständen entstehenden Zahlungsunfähigkeit der Gesellschaft.

Sämtliche der genannten Voraussetzungen sind bei der hier gewählten bzw. vorgesehenen Konstruktion gegeben:

- das Darlehen soll marktüblich verzinst werden,

- die Treuhandanstalt weist als Körperschaft des öffentlichen Rechts eine einwandfreie Bonität auf; die Frage einer möglichen Zahlungsunfähigkeit wegen der Darlehensvergabe stellt sich nicht, da der Treuhandanstalt das Darlehen nur mit Mitteln zur Verfügung gestellt werden soll, die vom Unternehmen selbst aktuell nicht benötigt werden und eine gegebenenfalls vertraglich zu vereinbarende kurzfristige Rückzahlungsverpflichtung gewährleistet, daß dem Unternehmen im Ernstfall hinreichende, d.h. dem Zustand vor der Darlehensvergabe an die Treuhandanstalt entsprechende Liquidität zur Verfügung steht.

Demgegenüber vertritt eine Mindermeinung in der Literatur die Auffassung, daß eine Darlehensvergabe an einen Gesellschafter mit Mitteln, die unter § 30 Abs. 1 GmbHG fallen, stets unzulässig ist.

Dies folge aus einer analogen Anwendung des § 43a GmbHG, der eine Kreditgewährung an Geschäftsführer etc. verbietet, wenn durch die Kreditvergabe Vermögen der Gesellschaft in Anspruch genommen wird, das zur Erhaltung der Stammeinlage erforderlich ist.

Im Wege eines Erst-Recht-Schlusses wird dahingehend argumentiert, daß dies dann auch und gerade für eine Kreditvergabe an Gesellschafter zu gelten habe.

Dieser Argumentation ist der klare Wortlaut des § 30 Abs. 1 GmbHG einerseits und des § 43a GmbHG andererseits entgegenzuhalten.

Jedenfalls bei den oben dargestellten Voraussetzungen einer marktgerechten Verzinsung des Darlehens, einer unzweifelhaften Bonität des Darlehensschuldners und gegebenenfalls der Ermöglichung einer kurzfristigen Fälligstellung des Gesamtdarlehens findet ein dauerhafter

Abfluß von Gesellschaftsvermögen nicht statt, so daß unter dem Gesichtspunkt des § 30 Abs. 1 GmbHG von der Zulässigkeit der geplanten Regelung auszugehen ist.

Verstoß gegen § 73 GmbHG, § 272 AktG

Nach § 73 GmbHG darf die Verteilung des Vermögens einer Liquidationsgesellschaft nicht vor Tilgung oder Sicherstellung der Schulden der Gesellschaft und nicht vor Ablauf eines Jahres seit dem Tage vorgenommen werden, an welchem die Aufforderung an die Gläubiger (§ 65 Abs. 2 GmbHG) in den öffentlichen Blättern zum dritten Male erfolgt ist.

§ 272 AktG trifft eine analoge Bestimmung für die Aktiengesellschaft.

Unter das Auszahlungsverbot des § 73 Abs. 1 GmbHG fallen allein Forderungen der Gesellschafter aus dem Gesellschaftsverhältnis.

Dies bedeutet, daß Forderungen von Gesellschaftern aus anderen Rechtsgründen im Rahmen der Liquidation grundsätzlich wie Forderungen Dritter zu bedienen sind und dementsprechend Auszahlungen auch während der Sperrzeit erfolgen können.

Ein Verstoß gegen § 73 Abs. 1 GmbHG kommt aus den gleichen Erwägungen wie zu § 30 Abs. 1 GmbHG nicht in Betracht.

Die Verteilung des nach der Liquidation und damit insbesondere der Regulierung der Verbindlichkeiten verbleibende Vermögen der Gesellschaft ist gerichtet auf einen endgültigen Verbleib des zu verteilenden Liquidationserlöses an die Gesellschafter.

Hiervon zu unterscheiden ist die Erfüllung einer Darlehensverbindlichkeit, wobei bei der vorliegenden Konstruktion die Darlehensverbindlichkeit des Treuhandunternehmens darin besteht, die Darlehenssumme dem Gesellschafter, d.h. der Treuhandanstalt, zur Verfügung zu stellen.

Unter den gleichen Voraussetzungen, wie zu § 30 Abs. 1 GmbHG erörtert, ist diese Darlehensgewährung mit § 73 Abs. 1 GmbHG zu vereinbaren.

Bei der vorgesehenen Ausgestaltung der Darlehensvergabe durch die Treuhandunternehmen an die Treuhandanstalt ist jederzeit gewährleistet, daß der Gesellschaft liquide Mittel wieder zugeführt werden können, so daß aufgrund der notwendigerweise vorzusehenden Rückzahlungsverpflichtung der Treuhandanstalt eine Verteilung i. S. d. § 73 Abs. 1 GmbHG nicht vorliegt.

Verstoß gegen das Verbot einer verdeckten Gewinnausschüttung

Eine wirkliche Relevanz der Frage, ob durch die geplante Darlehenskonstruktion eine verdeckte Gewinnausschüttung vorgenommen werden könnte, ist nicht gegeben.

Zum einen soll die Treuhandanstalt als Darlehensnehmerin zur Entrichtung eines marktüblichen Zinssatzes verpflichtet sein, zum anderen hat die Frage einer verdeckten Gewinnausschüttung primär Bedeutung für die Frage einer Kapitalsteuerpflichtigkeit des Unternehmens.

5. Die arbeitsrechtlichen Probleme der Liquidation

a) Die Mitbestimmung des Betriebsrats

Da der Abwickler/Liquidator im Rahmen der Abwicklung auch die bestehenden Arbeitsverhältnisse zu lösen hat, wenn eine Betriebsveräußerung nicht in Betracht kommt, haben die arbeitsrechtlichen Fragen in der Liquidation eine überragende Bedeutung.

Durch die Auflösung der Gesellschaft werden die Arbeitsverhältnisse nicht automatisch beendet,

BGHZ 24, 279, 294 f,

sondern sie müssen im Rahmen der arbeitsrechtlichen Vorschriften gekündigt werden.

Da die Auflösung der Gesellschaft regelmäßig mit einer Personalabbauplanung verbunden wird, um den künftigen Personalbedarf im Zeitraum der Abwicklung sowie den Personalabbau selbst mittelfristig vorzubestimmen, hat der Arbeitgeber nach § 92 Abs. 1 Satz 1 BetrVG gegenüber dem Betriebsrat eine Unterrichtungspflicht zu erfüllen. Die Unterrichtung hat dann zu erfolgen, wenn die Vorüberlegungen abgeschlossen und das Stadium der Planung erreicht ist.

BAG BB 1984, 2265.

Die Unterrichtung muß umfassend und rechtzeitig erfolgen. Dies ist dann der Fall, wenn der Betriebsrat sich anhand der vorgelegten Unterlagen oder aufgrund der mündlich erteilten Informationen eine klare Vorstellung von der Planung machen kann.

Inhaber des Beteiligungsrechts nach § 92 BetrVG ist der jeweilige Betriebsrat. Wird die Personalplanung auf der Unternehmens- bzw. Konzernebene vorgenommen, ist der Gesamt- oder Konzernbetriebsrat zu beteiligen.

Des weiteren ist der **Wirtschaftsausschuß** vom Unternehmer umfassend und rechtzeitig zu unterrichten (§ 106 Abs. 2 BetrVG). Zur Unterrichtung gehören die erforderlichen Unterlagen und die Darstellung der Auswirkungen, die sich aus der Auflösung der Gesellschaft für die Personalplanung ergeben.

Hüffer, in: Geßler u. a., AktG,
Anh. § 262 Rz. 5.

In Unternehmen mit in der Regel mehr als 1.000 ständig beschäftigten Arbeitnehmern hat der Unternehmer diese mindestens einmal in jedem Kalendervierteljahr schriftlich über die wirtschaftliche Lage und

Entwicklung des Unternehmens zu unterrichten (§ 110 Abs. 1 BetrVG). Danach ist auch über die geplante Auflösung zu informieren.

Eine individualrechtliche Hinweispflicht des Arbeitgebers gegenüber einem Arbeitnehmer kann sich insbesondere bei Einstellungsverhandlungen ergeben, da dem Interessenten die Auflösungsabsichten bekannt sein sollten.

BAG WM 1975, 185.

Wird ein Betrieb aufgelöst, hat der Arbeitgeber nach § 8a AFG den Präsidenten des Landesarbeitsamts unverzüglich schriftlich zu informieren, wenn erkennbare Veränderungen des Betriebs innerhalb der nächsten zwölf Monate voraussichtlich zu Massenentlassungen nach § 17 KSchG führen. Da solche Folgen typischerweise innerhalb von zwölf Monaten nach einer Auflösung eintreten, begründet diese Prognose die Anzeigepflicht. Werden Schwerbehinderte von Kündigungen betroffen, so ist dies gesondert nach § 10 Abs. 6 SchwbG mitzuteilen.

Hüffer, in: Geßler u. a., AktG,
Anh. § 262 Rz. 11.

In Betrieben mit in der Regel mehr als 20 wahlberechtigten Arbeitnehmern und für den Fall, daß ein Betriebsrat gewählt worden ist, obliegt den Abwicklern/Liquidatoren für den Fall der Betriebsänderung, daß sie die Beteiligungsrechte des Betriebsrats erfüllen. Dies bedeutet, daß sie den Betriebsrat nach §§ 106 ff BetrVG informieren, den Versuch eines Interessenausgleichs durchführen und gegebenenfalls einen Sozialplan abschließen.

Eine Betriebsänderung liegt dann vor, wenn die Maßnahmen des Arbeitgebers wesentliche Nachteile für die Belegschaft oder erhebliche Teile der Belegschaft zur Folge haben können.

Hüffer, in: Geßler u. a., AktG,
Anh. § 262 Rz. 19.

Nach den in § 111 Satz 2 BetrVG aufgeführten fünf Fallgruppen ist das Beteiligungsrecht des Betriebsrats gegeben, weil fingiert ist, daß insoweit wesentliche Nachteile für die Belegschaft entstehen können. Im einzelnen handelt es sich um die Stillegung des Betriebs oder wesentlicher Betriebsteile.

Die Betriebsstillegung im Sinne des Betriebsverfassungsrechts ist die Auflösung der zwischen Arbeitnehmer und Arbeitgeber bestehenden Betriebs- und Produktionsgemeinschaft, die ihre Veranlassung und zugleich ihren unmittelbaren Ausdruck darin findet, daß der Unternehmer die bisherige wirtschaftliche Betätigung in der ernstlichen Absicht einstellt, die Weiterverfolgung des bisherigen Betriebszwecks dauernd oder für eine ihrer Dauer nach unbestimmte wirtschaftliche nicht unerhebliche Zeitspanne aufzuheben.

Hüffer, in: Geßler u. a., AktG,
Anh. § 262 Rz. 20;
BAG NJW 1986, 91, 93.

Bei einem Betriebsteil handelt es sich um einen räumlich oder funktionell getrennten Teil des Betriebs, der einem Teilzweck innerhalb der Organisation dient.

Eine weitere Betriebsänderung ist die Einschränkung des Betriebs oder wesentlicher Betriebsteile. Dies ist dann gegeben, wenn eine erhebliche, ungewöhnliche und nicht nur vorübergehende Herabsetzung der Leistungsfähigkeit des Betriebs erfolgt, gleichgültig ob die Verminderung der Leistungsfähigkeit durch Außerbetriebsetzung von Betriebsanlagen oder durch Personalreduzierung erfolgt.

BAG AP Nr. 3, 4, 5, 6 und 7
zu § 111 BetrVG 1972.

Ein Personalabbau ist dann eine Betriebsänderung, wenn die in § 112a BetrVG bezeichneten Voraussetzungen vorliegen.

> Hüffer, in: Geßler u. a., AktG,
> Anh. § 262 Rz. 22.

Vor Durchführung des Personalabbaus muß der Arbeitgeber mit dem Betriebsrat einen Interessenausgleich versucht haben.

Der Interessenausgleich regelt die Frage, ob eine geplante Betriebsänderung durchgeführt und/oder wie sie tatsächlich umgesetzt wird.

Der Interessenausgleich ist zustandegekommen, wenn sich Unternehmer und Betriebsrat geeinigt und ihre Absprache schriftlich niedergelegt und unterschrieben haben (§ 112 Abs. 1 Satz 1 BetrVG). Die Wahrung der Form ist eine Gültigkeitsvoraussetzung für den Interessenausgleich.

> Hüffer, in: Geßler u. a., AktG,
> Anh. § 262 Rz. 28;
> BAG WM 1986, 229.

Kommt eine Einigung zwischen Unternehmer und Betriebsrat nicht zustande, kann nach § 112 Abs. 2 BetrVG der Präsident des Landesarbeitsamts um Vermittlung ersucht werden. Dies ist jedoch nicht zwingend vorgeschrieben; vielmehr können Unternehmer und Betriebsrat nach § 112 Abs. 2 Satz 2 BetrVG die Einigungsstelle anrufen. Gehen auch die Vorschläge der Einigungsstelle ins Leere und kommt es trotz der Bemühungen der Einigungsstelle nicht zu einer Einigung, ist der Versuch eines Interessenausgleichs gescheitert, was die Einigungsstelle festzustellen hat. Ist der Versuch eines Interessenausgleichs vor der Einigungsstelle gescheitert, kann der Unternehmer die geplante Betriebsänderung durchführen, ohne daß Nachteilsausgleichsansprüche nach § 113 Abs. 3 BetrVG drohen.

> BAG WM 1986, 299, 301.

Zur Milderung der sich aus dem Personalabbau ergebenden Folgen ist zwischen Unternehmer und Betriebsrat ein Sozialplan zu vereinbaren. Kommt es nicht zu einer Einigung, kann die Einigungsstelle den Sozialplan festlegen.

Die arbeitgeberseitige Kündigung, die nach dem Versuch eines Interessenausgleichs ausgesprochen werden kann, ist dann sozial ungerechtfertigt, wenn sie nicht durch dringende betriebliche Erfordernisse, die einer Weiterbeschäftigung des Arbeitnehmers in diesem Betrieb entgegenstehen, bedingt ist. Als betrieblich erforderliche Kündigung kommen insbesondere wirtschaftliche, technische und organisatorische Umstände in Betracht. Dabei ist zu berücksichtigen, daß der Arbeitgeber durch eine entsprechende unternehmerische Gestaltung seines Betriebs oder seines Unternehmens den Personalbedarf und damit auch die Notwendigkeit eines eventuellen Personalabbaues weitgehend selbst bestimmen kann.

Da dem Unternehmer die organisatorische Gestaltung seines Betriebs und auch die Auflösung seines Betriebes vorbehalten ist und er auch das Risiko des Fehlschlagens zu tragen hat, kann die unternehmerische Entscheidung nicht auf die Notwendigkeit und Zweckmäßigkeit hin überprüft werden. Das unternehmerische Gestaltungsermessen kann nur im Hinblick darauf überprüft werden, ob die betrieblichen Erfordernisse für den Personalabbau dringend sind. Durch das Merkmal der Dringlichkeit wird der das gesamte Kündigungsschutzrecht beherrschende Grundsatz der Verhältnismäßigkeit eingeführt. Im Rahmen dieses Prinzips ist es gerechtfertigt, die Unternehmerentscheidung einer beschränkten justitiellen Kontrolle zu unterwerfen, so daß der Arbeitgeber erst dann betriebsbedingte Entlassungen aussprechen darf, wenn er zuvor versucht hat, durch andere zumutbare technische, organisatorische oder wirtschaftliche Maßnahmen, wie z. B. durch Begründung von Teilzeit-Arbeitsverhältnissen, Einführung von Kurzarbeit, Abbau von Überstunden, Vorverlegung der Werksferien, einen Personalabbau zu vermeiden.

BAG AP Nr. 5, 14, 18 zu § 1 KSchG
betriebsbedingte Kündigung.

Ergänzt wird die Dringlichkeitsprüfung durch die gegenständlich beschränkte Willkürkontrolle, wonach die Unternehmerentscheidung nicht unsachlich, unvernünftig und willkürlich sein darf.

BAG AP Nr. 22 zu § 1 KSchG
betriebsbedingte Kündigung.

Der dauerhafte Auftragsmangel und Umsatzrückgang kann ein Grund für die Auflösung der Gesellschaft sein. Hierbei handelt es sich außerdem auch um die klassischen außerbetrieblichen Kündigungsgründe. Sie können für sich schon eine Kündigung von Arbeitsverhältnissen dann rechtfertigen, wenn der Arbeitsanfall so weit zurückgeht, daß für einen oder mehrere Arbeitnehmer das Bedürfnis der Weiterbeschäftigung entfällt. Dabei ist zu unterscheiden, ob der Auftragsmangel oder der Umsatzrückgang unmittelbar auf die Arbeitsverhältnisse durchgreift oder ob noch eine innerbetriebliche Unternehmerentscheidung hinzukommt, sei es als Reaktion auf den Auftragsmangel. Wird lediglich auf äußere Faktoren reagiert, handelt es sich nicht um eine unternehmerische Entscheidung, so daß sie vom Arbeitsgericht voll nachprüfbar ist.

Wirken sich die Auftragslage und der Umsatzrückgang nicht unmittelbar auf die Arbeitsplätze aus, sondern erst über die weitere Entscheidung des Arbeitgebers, z. B. der Entscheidung, den Betrieb endgültig einzustellen, der Entscheidung, nicht auf Lager zu produzieren oder einen Artikel aus der Produktion herauszunehmen, handelt es sich um innerbetriebliche Kündigungsgründe mit der Folge, daß die Unternehmerentscheidung nicht darauf zu überprüfen ist, ob sie wirtschaftlich sinnvoll und notwendig ist.

Es kann grundsätzlich nur überprüft werden, ob die für eine Unternehmerentscheidung maßgeblichen externen und internen Faktoren wie Auftragsmangel, Rohstoffverknappung, Absatzschwierigkeiten,

Umsatzrückgang, angespannte Finanzlage, Erzielung von Verlusten tatsächlich vorliegen.

>BAG EzA § 1 KSchG betriebsbedingte Kündigung Nr. 10 und 13.

Überprüfbar ist auch, ob der Umsatz- und Auftragsrückgang und die Zahl der zu kündigen Arbeitnehmer im plausiblen Verhältnis stehen.

b) Die Beschäftigungsgesellschaften

Politisch hochbrisant sind die Fragen zur Notwendigkeit und Zweckmäßigkeit von Beschäftigungsgesellschaften.

Geht man davon aus, daß bei permanent hoher Arbeitslosenquote zur sozialen Abfederungs-Beschäftigungsgesellschaften unerläßlich sind, können sie folgende Zwecke verfolgen:

1. Aufnahme von Arbeitslosen und Einsatz auf ABM-Stellen, die möglichst die bisherige Qualifikation nutzen;

2. Einflußnahme auf die mittel- und langfristige wirtschaftliche Umstrukturierung der Region;

    >vgl. die Beispiele bei Ladensack, AuA 1992, 326, 329;

3. Übernahme von Aufgaben der Fortbildung und Umschulung; speziell Arbeitnehmer auf ABM-Stellen sollten darin einbezogen werden, damit sich deren Chancen bei der Suche nach Dauerarbeitsplätzen erhöhen;

4. Einflußnahme auf die Verhaltensweisen der Arbeitnehmer, die deren Wiedereinstieg in den ersten Arbeitsmarkt begünstigen;

5. Unterstützung der Mitglieder bei der Suche nach dauerhaften Arbeitsplätzen oder bei der Gründung neuer Unternehmen;

6. Hilfe für die Mitglieder bei der Wahl von geeigneten Fortbildungs- und Umschulungsmaßnahmen;

7. Wahrnehmung von sozialbetreuerischen Aufgaben bei der Entlassung von Mitgliedern in die voraussichtlich langzeitige Arbeitslosigkeit.

6. **Die Liquidationsbilanzen**

Nach den zwingenden Vorschriften der § 270 AktG, § 71 GmbHG sind die Abwickler/Liquidatoren verpflichtet, Liquidationseröffnungsbilanzen aufzustellen.

Die vorstehende Regelung ist nicht vollständig, denn die Abwickler/Liquidatoren haben nicht nur die in den beiden Vorschriften genannten Bilanzen zu erstellen sowie den Erläuterungs- bzw. Lagebericht vorzulegen, sondern sie müssen auch über die Geschäftstätigkeit der werbenden Aktiengesellschaft bzw. Gesellschaft mit beschränkter Haftung in dem der Auflösung vorangehenden Geschäftsjahr Rechnung legen, und sie schulden überdies am Abwicklungsende eine Schlußrechnung, die allerdings nicht in Bilanzform erstellt werden muß.

Hüffer, in: Geßler u. a., AktG,
§ 270 Rz. 6.

In chronologischer Ordnung ergeben sich folgende Bilanzen:

-   Schlußbilanz für die werbende Aktiengesellschaft bzw. Gesellschaft mit beschränkter Haftung;

-   Liquidationseröffnungsbilanz;

- Abwicklungsjahresabschlüsse mit Lageberichten;

- Schlußrechnung.

a) Die Schlußbilanz der werbenden Gesellschaft

Erfolgt die Auflösung der Gesellschaft im Laufe eines Geschäftsjahrs, ist für dieses Rumpf-Geschäftsjahr eine Schlußbilanz zu erstellen. Im Hinblick auf die Neubewertungen in der Liquidationseröffnungsbilanz verstieße es gegen die Grundsätze ordnungsgemäßer Bilanzierungs- und Rechnungslegung, wenn man auf den Abschluß des Rumpf-Geschäftsjahres verzichten würde.

> Hüffer, in: Geßler u. a., AktG,
> § 270 Rz. 8.

Maßgeblicher Bilanzstichtag ist der Auflösungszeitpunkt. Die Schlußbilanz des Rumpf-Geschäftsjahres unterliegt der Pflichtprüfung (§ 316 HGB analog).

Zuständig für die Aufstellung der Schlußbilanz für das Rumpf-Geschäftsjahr ist nicht der ehemalige Vorstand, vielmehr ist der Abwickler bzw. Liquidator verpflichtet, da der ehemalige Vorstand die Leitungs-, Buchführungs- und Bilanzierungskompetenz verloren hat.

Streitig ist, ob aufgrund des Jahresabschlusses über das Rumpf-Geschäftsjahr ein Bilanzgewinn ausgeschüttet werden darf.

Nach herrschender Meinung kann der Bilanzgewinn festgestellt werden. Jedoch verstößt die Auszahlung einer Dividende gegen das Verbot der vorzeitigen und damit unzulässigen Vermögensausschüttung (§ 272 AktG).

> Vgl. Hüffer, in: Geßler u. a., AktG,
> § 270 Rz. 11.

b)   **Die Liquidationseröffnungsbilanz**

Die Liquidationseröffnungsbilanz ist ausdrücklich vorgeschrieben. Diese Pflicht duldet keine Ausnahme. Jeder Auflösungstatbestand, der ein Liquidationsverfahren nach sich zieht, begründet die Verpflichtung zur Aufstellung der Eröffnungsbilanz. Die Abwickler/Liquidatoren dürfen die Pflicht zur Aufstellung der Eröffnungsbilanz auch dann nicht versäumen, wenn der Gesellschaft die nötigen Geldmittel oder ihnen selbst die nötigen Kenntnisse fehlen.

Scholz, GmbHG, § 71 Rz. 2.

Für den Stichtag der Liquidationseröffnungsbilanzen einer AG/einer GmbH i. A. oder i. L. (§ 22 THG) gilt folgendes:

Die durch das Treuhandgesetz umgewandelten Kapitalgesellschaften sind zum 1. Juli 1990 als AG oder GmbH i. A. entstanden und mußten ihre Gründungsvoraussetzungen nachholen. Soweit sie nicht bis 30. Juni 1991 unter Vorlage der Gründungsunterlagen zur Eintragung in das Handelsregister angemeldet wurden, sind sie gemäß § 22 THG aufgelöst.

Dies ist ein gesetzlicher Auflösungsgrund über die nicht abschließenden Regelungen der § 60 Abs. 1 GmbHG, § 262 Abs. 1 AktG hinaus.

Nach allgemeinem Gesellschaftsrecht befinden sich diese Gesellschaften mit Ablauf des 30. Juni 1991 somit in Liquidation bzw. in Abwicklung. Ein nachfolgender Gesellschafterbeschluß oder Beschluß der Hauptversammlung zur Auflösung der Gesellschaft hat dann allenfalls noch deklaratorische Wirkung, da kraft Gesetzes die Gesellschaft bereits in Liquidation bzw. Abwicklung ist.

Man könnte deshalb die Meinung vertreten, daß die Liquidationseröffnungsbilanz auf den 30. Juni 1991 zu erstellen wäre, wenn die Gesellschaften ihre werbende Tätigkeit eingestellt hätten.

Dies aber haben die Gesellschaften regelmäßig nicht getan. Sie haben vielmehr bis zum Liquidationsbeschluß wirtschaftlich ihre werbende Tätigkeit fortgesetzt und auch ihre Firma nicht entsprechend verändert.

Die Erstellung einer Liquidationseröffnungsbilanz auf den Stichtag des 30. Juni 1991 würde diesen wirtschaftlichen Gegebenheiten nicht entsprechen. Da sich weder an der Erscheinungsform, noch an der wirtschaftlichen Betätigung der Gesellschaft mit dem 1. Juli 1991 etwas verändert hat, wäre es unangemessen, den Grundsatz der Bilanzkontinuität am 1. Juli 1991 zu durchbrechen und von diesem Zeitpunkt an eine Bilanz unter Liquidations- oder Zerschlagungsgesichtspunkten aufzustellen.

Die Liquidationseröffnungsbilanz ist deshalb auf den Stichtag des Liquidationsbeschlusses zu erstellen. Hiervon kann nur abgewichen werden, wenn eine Liquidationsgesellschaft im Rahmen der Liquidation für einen gewissen Zeitraum ihre werbende Tätigkeit weiterführt. Für diese Gesellschaft wird nicht zwingend die Liquidationseröffnungsbilanz auf den Stichtag des Liquidationsbeschlusses erstellt, sondern auf den Tag, an dem die Gesellschaft ihre werbende Tätigkeit tatsächlich einstellt und sie tatsächlich damit zu einer Liquidationsgesellschaft wird.

Die Eröffnungsbilanz ist sofort nach Beginn der Liquidation aufzustellen. Sofort heißt, ohne schuldhaftes Zögern. Nach der gesetzlichen Regelung des § 264 Abs. 1 Satz 2 HGB würde dies bedeuten, daß die Liquidationseröffnungsbilanz in den ersten drei Monaten nach dem Liquidationsstichtag aufzustellen sei. Die frühzeitige Aufstellung soll den Beteiligten Klarheit über die Vermögenslage der Gesellschaft geben und Ausgangspunkt dafür sein, das Liquidationsverfahren hinreichend zu dokumentieren. Regelmäßig werden die Liquidatoren von Treuhandunternehmen nicht in der Lage sein, die fraglichen Bilanzen zeitgerecht aufzustellen, da der Buchhaltungsrückstand in den Gesellschaften erheblich ist und die Aufarbeitung mehrere Monate beanspruchen wird.

Selbst dann, wenn die Liquidationseröffnungsbilanz im Entwurf vorliegt, dauert es noch eine erhebliche Zeit, bis die mit der Prüfung der Bilanz beauftragte Wirtschaftsprüfungsgesellschaft die Liquidationseröffnungsbilanz geprüft hat.

Der Streit, ob Liquidationseröffnungsbilanzen zu prüfen sind, hat sich dadurch erledigt, daß die Treuhandanstalt die Liquidatoren angewiesen hat, alle Liquidationseröffnungsbilanzen prüfen zu lassen.

Anzumerken ist, daß die Prüfungspflicht auch für die folgenden Jahresabschlüsse gilt.

Zu beachten ist darüber hinaus, daß der Prüfungsauftrag den Regelungen der § 65 BHO und § 53 HGrG entspricht, da es sich bei den abzuwickelnden Treuhandgesellschaften um Gesellschaften handelt, die der öffentlichen Hand zuzuordnen sind. Der Prüfer ist nach Maßgabe dieser Regeln verpflichtet, die Ordnungsmäßigkeit der Geschäftsführung und die wirtschaftlichen Verhältnisse der Gesellschaft zu prüfen und über das Ergebnis der Prüfung besonders zu berichten. Nach der Verlautbarung des Instituts der Wirtschaftsprüfer ist festgehalten, daß nur die großen Kapitalgesellschaften i. S. d. § 267 Abs. 3 HGB der erweiterten Prüfungspflicht nach Maßgabe des § 53 HGrG unterliegen. Für kleine und mittelgroße Kapitalgesellschaften müssen die eingesetzten Liquidatoren keinen erweiterten Prüfungsauftrag erteilen.

aa) Die Gliederungsregeln der Eröffnungsbilanz

Die Gliederungsregeln der Bilanz befassen sich damit, in welchen Posten der Bilanz ein Ausweis erfolgen soll.

Die Gliederungsregeln ergeben sich aus §§ 265, 266 HGB nach Maßgabe der Größenmerkmale in §§ 267 ff HGB, was sich aus § 270 Abs. 2 AktG und § 71 Abs. 2 GmbHG ergibt.

Nach § 270 Abs. 2 Satz 3 AktG und § 71 Abs. 2 Satz 3 GmbHG ist Anlagevermögen, dessen Veräußerung in einem absehbaren Zeitraum beabsichtigt ist oder das nicht mehr dem Geschäftsbetrieb dient, wie Umlaufvermögen zu bewerten. Es geht hierbei um die Frage, ob derartiges betroffenes Anlagevermögen in das Umlaufvermögen umzugliedern ist oder ob es sich um reine Bewertungsvorschriften handelt. Das letztere erscheint richtig, da ansonsten die Vergleichbarkeit mit den Bilanzen aus dem Zeitraum der werbenden Tätigkeit der Gesellschaft erschwert würde.

Nach der Regelung des § 265 Abs. 2 HGB ist in einer Bilanz zu jedem Posten der entsprechende Wert des Vorjahrs anzugeben.

Aus den Gesetzesmaterialien ergibt sich, daß durch § 265 Abs. 2 HGB dem Bilanzleser die Möglichkeit gegeben werden sollte, von den Tendenzen in den Bilanzzahlen auf die Tendenz des wirtschaftlichen Status der Gesellschaft zu schließen. Da die Unterschiede in den Angaben der Schlußbilanz und der Liquidationseröffnungsbilanz solche Tendenzen nicht aufzeigen, sondern lediglich einige bilanztechnisch erforderliche Umbuchungen wiedergeben, erscheint es nicht erforderlich, in der Liquidationseröffnungsbilanz die Vorjahreszahlen anzugeben.

Die Vorschrift des § 265 Abs. 5 HGB, wonach bei besonderem Bedarf neue Posten eingefügt werden dürfen, hat in § 42 Abs. 3 GmbHG eine besondere Ausprägung erhalten. Ausleihungen, Forderungen, Verbindlichkeiten der Gesellschaft gegenüber dem Gesellschafter sind gesondert auszuweisen. Dies ist auch für die Liquidationseröffnungsbilanz zu berücksichtigen, damit der Treuhandanstalt zukünftig die Konsolidierungsarbeiten erleichtert werden.

Die Darstellung des Eigenkapitals in einer Liquidationseröffnungsbilanz ist streitig. Es ist fraglich, ob ein aufgeschlüsselter Ausweis erfolgen soll (§ 268 Abs. 3 HGB) oder ob lediglich ein Sammelposten auszuweisen ist, der die Bezeichnung "Abwicklungskapital" oder "Liquidationskapital" trägt.

Der nicht durch Eigenkapital gedeckte Fehlbetrag dürfte in der Liquidationseröffnungsbilanz als Abwicklungs- oder als Liquidationsunterdeckung zu bezeichnen sein.

bb) Besondere Bilanzierungsregeln für die Zweckzuwendung

Für die Bilanzierung der Zweckzuwendungen gilt nach Maßgabe der Verlautbarung des Hauptfachausschusses des Instituts der Wirtschaftsprüfer folgendes:

Bei den Zweckzuwendungen handelt es sich aus der Sicht der Treuhandunternehmen um bedingte Verbindlichkeiten. Eine Rückzahlung und somit eine Passivierung erfolgt erst, wenn die Treuhandgesellschaft Gewinne aus der Veräußerung nicht betriebsnotwendiger Vermögensgegenstände erzielt oder ab dem 1. Januar 1995 Jahresüberschüsse erzielt werden.

Allerdings sind die aufschiebend bedingten Verbindlichkeiten aus erhaltenen Zweckzuwendungen im Erläuterungsbericht zur Liquidationseröffnungsbilanz darzustellen.

Zu den bei den Rückstellungen entstehenden Fragen kann keine abschließende Darstellung erfolgen. Anzumerken ist, daß die wegen erheblicher Buchhaltungsrückstände während des Liquidationszeitraums entstehenden Buchhaltungskosten nicht zurückgestellt werden dürfen.

Andererseits können die Sozialplanverpflichtungen für die Zeiträume nach der Liquidationseröffnung rückstellbar sein.

c) Die Bewertungsregeln für Liquidationseröffnungsbilanzen

Als reine Vermögensbilanz kann die Liquidationseröffnungsbilanz nur auf Liquidationswerte abstellen und nicht auf Fortführungswerte. Das going-concern-Prinzip erscheint nicht einmal dann gerechtfertigt, wenn begründete Aussicht auf einen Fortsetzungsbeschluß bestehen. Deshalb entsprechen die Ansätze im Grundsatz denjenigen, die auch für den Überschuldungsstatus gelten. Die Ansätze in der Liquidationseröffnungsbilanz müssen von der zu erwartenden Verwertung abhängen.

> RGZ 80, 107;
> vgl. auch Scholz, GmbHG, § 71 Rz. 5.

Es gilt das Prinzip der Zeitwerte, d.h. der Versilberungswerte. Bei Gegenständen des Anlagevermögens bildet der Verschrottungswert abzüglich der Kosten die Untergrenze, der Wiederbeschaffungswert die theoretische Obergrenze. Ist mit der Veräußerung des Unternehmens im ganzen zu rechnen, so muß der zu erwartende Veräußerungserlös eingestellt werden. Dieser wird nur bei einem Unternehmen, das Gewinne erwarten läßt, über dem Reproduktionswert liegen.

Steht die Zerschlagung des Unternehmens fest oder ist die Art der Liquidation ungewiß, so wird nur eine Einzelbewertung der zum Anlage- und Umlaufvermögen gehörigen Güter in Betracht kommen. Dann sind die Aktiven - gleich ob Umlauf- oder Anlagevermögen - nicht zum Anschaffungs- oder Herstellungspreis, sondern zum mutmaßlichen Veräußerungswert einzustellen. Dabei ist nicht der gegenwärtige, sondern der mutmaßliche Veräußerungswert einzusetzen.

> Scholz, GmbHG, § 71 Rz. 5.

Letztlich ergibt sich aus der Aufgabe der Liquidationseröffnungsbilanz der Grundsatz der Neubewertung. Dies hat zur Folge, daß stille Reserven aufgelöst werden und die Buchwerte nicht einfach übernommen werden können.

> Scholz, GmbHG, § 71 Rz. 6.

Ein erläuternder Bericht wird weder in § 270 Abs. 1 AktG noch in § 71 GmbHG vorgeschrieben. Eine Erläuterung der Bilanz kann jedoch unter den Grundsätzen einer ordnungsgemäßen Rechnungslegung Bestandteil des Geschäftsberichts sein.

Scholz, GmbHG, § 71 Rz. 7.

d) Die Liquidationsjahresbilanzen

Die Liquidationsjahresbilanzen sind ebenso wie die Liquidationseröffnungsbilanzen ausdrücklich vorgeschrieben. Sie sind nach der Eröffnungsbilanz demnächst in jedem Jahre aufzustellen. Jedenfalls darf nicht länger als ein Jahr zwischen den einzelnen Bilanzstichtagen liegen (§ 39 Abs. 2 HGB), aber es kann der Hauptversammlung bzw. den Gesellschaftern nicht verboten sein, kürzere Zeiträume zu wählen.

Scholz, GmbHG, § 71 Rz. 11.

Nach der gesetzlichen Regelung beginnt das **Liquidationswirtschaftsjahr** mit der Liquidationseröffnung und endet nach Ablauf von zwölf Monaten. Ohne Zusatzregelung im Liquidationseröffnungsbeschluß ändert sich das Wirtschaftsjahr in der Liquidation gegenüber dem ursprünglichen Wirtschaftsjahr der Satzung. Mit der gesetzlichen Bestimmung des § 21 Abs. 5 DMBilG dürften solche Liquidationseröffnungsbeschlüsse in Konflikt geraten.

Danach wird die Treuhandanstalt zum Ende eines jeden Kalenderjahres eine Konzernbilanz aufstellen. Für den Konzernabschluß wird auch auf die Vorschrift des § 299 Abs. 2 HGB zurückzugreifen sein, wonach die Jahresabschlüsse der in den Konzernabschluß einbezogenen Unternehmen auf den Stichtag des Konzernabschlusses aufzustellen sind. Folgegemäß werden die lückenhaften Liquidationseröffnungsbeschlüsse demnächst wohl noch um die Bestimmung zu ergänzen sein, daß die Liquidationswirtschaftsjahre mit den Kalenderjahren übereinstimmen sollten. Zweifelhaft ist, ob der Liquidationsbeschluß rückwirkend geändert werden kann.

Dies muß vor Ablauf der ersten zwölf Liquidationsmonate geschehen, da eine entsprechende Ergänzung der Satzung nicht rückwirkend gilt.

Eine solche Ergänzung könnte lauten:

"Der Liquidationsbeschluß vom . . . wird wie folgt ergänzt:
Das Geschäftsjahr der Gesellschaft i. L. ist das Kalenderjahr.
Das erste Geschäftsjahr ist ein Rumpfgeschäftsjahr."

e) Die Liquidationsschlußbilanz

Auch wenn § 270 AktG, § 71 GmbHG eine Liquidationsschlußbilanz nicht vorschreiben, ist eine solche Schlußrechnung für eine ordnungsgemäße Rechnungslegung unentbehrlich. Grundsätzlich ist eine Schlußrechnung erst dann aufzustellen, wenn keine Geldbewegungen mehr zu erwarten sind, d. h. sie erfolgt, wenn die Abwicklung beendet ist. Dies ist der Fall, wenn die Vermögensgegenstände in Geld umgesetzt, die Gläubiger befriedigt bzw. durch Hinterlegung gesichert, die Vorschriften über das Sperrjahr beachtet und die laufenden Geschäfte beendet sowie die verbliebenen Vermögensgegenstände verteilt sind.

Scholz, GmbHG, § 71 Rz. 13.

Von dieser Schlußbilanz ist die Rechnungslegung vor der Verteilung des Vermögens zu unterscheiden. Es entspricht kaufmännischer Übung, daß vor der Verteilung des Reinvermögens unter die Gesellschafter eine Bilanz aufgestellt wird.

RGZ 34, 57.

Mit dieser können die Abwickler/Liquidatoren Vorschläge über die Ausschüttung des Restvermögens machen.

7. Die Verteilung des Abwicklungs-/Liquidationsüberschusses

Nach § 271 AktG, § 72 GmbHG wird das verbleibende Vermögen der Gesellschaft unter den Aktionäre bzw. den Gesellschafter verteilt.

Der Verteilungsschlüssel ist vorbehaltlich abweichender Satzungsbestimmungen das Verhältnis der Aktiennennbeträge (§ 271 Abs. 2 AktG) bzw. das Verhältnis der Geschäftsanteile (§ 72 Satz 1 GmbHG).

8. Die Haftung der Abwickler/Liquidatoren

a) Allgemeines

Die Haftung der Liquidatoren für Pflichtverstöße richtet sich nach § 93 AktG, § 43 GmbHG. In diesen Vorschriften sind die allgemeinen Regelungen über die Pflichten, die Verantwortung, den Sorgfaltsmaßstab und über die Haftung der Geschäftsführer gegenüber der Gesellschaft geregelt. Es handelt sich jedoch nicht um eine abschließende Regelung, sondern um den Grundtatbestand, der durch weitere Normen zu den Pflichten und zur Haftung der Geschäftsführer ergänzt wird. Auch die Haftung der Liquidatoren richtet sich nach der für die Geschäftsführer geltenden Haftungsnorm.

§ 93 AktG, § 43 GmbHG handeln nur von den Pflichten, der Verantwortung und der Haftung des Geschäftsführers/Vorstands gegenüber der Gesellschaft. Verletzten die Geschäftsführer/Vorstandsmitglieder die Pflichten, die ihnen gegenüber der Gesellschaft obliegen, so steht der Anspruch der Gesellschaft zu. Er kann von der Gesellschaft und unter bestimmten Voraussetzungen auch von den Gesellschaftern geltend gemacht werden. Die Gläubiger der Gesellschaft können die Ansprüche der Gesellschaft pfänden.

Hiervon zu unterscheiden ist die Haftung der Vorstände/Geschäftsführer/Abwickler und Liquidatoren gegenüber den Gesellschaftern. In Betracht kommt ferner eine Haftung der Abwickeln/Liquidatoren gegenüber Dritten. Auch sie ist in § 43 GmbHG, § 93 AktG nicht geregelt.

b) Die Pflichtverletzung der Liquidatoren

Die Abwickler/Liquidatoren sind gegenüber der Gesellschaft unter folgenden Voraussetzungen schadensersatzpflichtig:

Die Abwickler/Liquidatoren müssen durch positives Tun oder Unterlassen eine ihnen gegenüber der Gesellschaft obliegende Pflicht verletzt haben. Maßstab ist die Sorgfalt eines ordentlichen Geschäftsmanns.

Die Pflichtverletzung muß einen Schaden bei der Gesellschaft verursacht haben und der Geschäftsführer muß schuldhaft gehandelt haben.

c) Die Pflicht zur Unternehmensleitung

Die Unternehmensleitung ist zwischen den Gesellschaftern und den Abwicklern/Liquidatoren aufgeteilt. Die Gesellschafter bestimmen die Grundsätze der Politik. Hierauf aufbauend haben die Geschäftsführer die Unternehmenspolitik in der Praxis umzusetzen. Ihnen obliegt deshalb

- das rechtmäßige Verhalten der Gesellschaft im Außenverhältnis,

- die Planung der Abwicklungspolitik und die Beratung der Gesellschafter,

- die Umsetzung der Grundsätze der Abwicklungspolitik, die von den Gesellschaftern aufgestellt sind,

- die Umsetzung von Einzelanweisungen der Gesellschafter,

- die unternehmerischen Entscheidungen, soweit sie nicht durch die Gesellschafter vorbestimmt sind,

- die Ausrichtung der internen Organisation des Unternehmens nach Gesetz und Satzung.

Die Abwickler/Liquidatoren haben bei der Wahrnehmung ihrer Leitungsaufgaben die methodischen Grundregeln ordnungsgemäßer Unternehmensführung zu beachten. Sie sind der Maßstab für die "Sorgfalt eines ordentlichen Geschäftsmanns" und begrenzen den Ermessensspielraum der Abwickler/Liquidatoren bei unternehmerischen Entscheidungen.

Die Sorgfalt eines ordentlichen Geschäftsmanns verlangt, daß die Leitungsentscheidungen den Umständen und ihrer Bedeutung nach angemessen vorbereitet werden, daß sich die Leitungsentscheidungen und deren Durchführung innerhalb der Grenzen der gesicherten Erkenntnisse und bewährten Erfahrungen unternehmerischen Verhaltens halten und daß eine angemessene Kontrolle ausgeübt wird.

d) Die Konkursantragspflicht

Die Frage nach der Abwicklungsform Liquidation/Gesamtvollstreckung wird zum Teil überlagert von der Androhung, die Liquidatoren müßten mit Ermittlungsverfahren wegen strafbarer Konkursantragspflichtverletzung rechnen.

Zutreffend ist, daß bei Vorliegen eines Konkursgrundes (Zahlungsunfähigkeit und/oder Überschuldung) innerhalb einer Ausschlußfrist von drei Wochen ein Konkursantrag zu stellen ist.

Die Zahlungsunfähigkeit, das auf Mangel an Zahlungsmitteln beruhende, voraussichtlich dauernde Unvermögen, die fälligen Geldschulden zu begleichen, ist durch Zuführung neuer Liquidität zu beseitigen.

Problematischer ist die Beseitigung der Überschuldung und die Frage, ob und zu welchem Zeitpunkt eine Konkursantragspflicht besteht.

aa) **Die Überschuldung**

Der **Überschuldungstatbestand** wird als ein Problem der Bilanzierung und Bewertung der Aktiva gesehen. Zu der Frage, wie die Aktiva im Überschuldungsstatus zu bewerten ist, werden fünf Theorien vertreten:

- Bewertung nach den Bewertungsvorschriften der Handelsbilanz;

- Bewertung ausschließlich unter Annahme der Liquidation der Gesellschaft;

- Bewertung ausschließlich unter Annahme der Fortführung der Gesellschaft;

- kumulative Bewertung sowohl unter der Annahme der Liquidation als auch der Fortführung der Gesellschaft;

- Bewertung unter der Annahme der Liquidation oder Fortführung.

Siehe hierzu
Teller, Rangrücktrittsvereinbarungen
zur Vermeidung der Überschuldung
bei der GmbH, Beiträge zum Insolvenzrecht Bd. 12, Verlag Kommunikationsforum, 1993, S. 38 ff.

a) Eine Bewertung nach den Grundsätzen der Handelsbilanz kommt schon deshalb nicht in Frage, weil die Bewertungsregeln sich an der gläubigerschützenden Entnahmebegrenzung und der eigentümerschützenden Begrenzung der Bildung stiller Rücklagen orientieren.

b) Gegen die Bewertung zu Liquidationswerten spricht, daß für die Befriedigung aller Gläubiger nicht zwingend die Verwertung des Anlagevermögens notwendig ist, weil trotz der Überschuldung zu Liquidationswerten noch Gesellschaften in der Lage sind, die Verbindlichkeiten aus den Einnahmen zu erfüllen.

c) Bei einer Bilanzierung zu Fortführungswerten soll maßgeblich sein, ob die Gesellschaft als Wirtschaftssubjekt in der Zukunft die Erträge erwirtschaftet, die es erlauben, alle Verbindlichkeiten zu erfüllen.

Hierzu werden bei der Bewertung der einzelnen Vermögensgegenstände Wiederbeschaffungswerte zugrunde gelegt, oder aber es wird das Ertragswertverfahren verwendet. Nach letzterem ist die Gesellschaft überschuldet, wenn der Barwert der Verbindlichkeiten größer ist als der Barwert der zukünftigen erzielbaren Einzahlungsüberschüsse.

d) Bei der kumulativen Bilanzierung mit Liquidations- und Fortführungswerten soll die Überschuldung dann vorliegen, wenn entweder nach Liquidationswerten oder nach Wiederbeschaffungswerten das Vermögen die Schulden nicht deckt.

e) Bei der Bewertung unter der Annahme der Liquidation oder der Fortführung, der sogenannten zweistufigen Überschuldungsprüfung, dürfen die Fortführungswerte im Überschuldungsstatus nur dann angesetzt werden, wenn aufgrund sorgfältiger betriebswirtschaftlicher Analyse der Rentabilität des Unternehmens und der begründeten Erwartung für die Entwicklung des Unternehmens davon ausgegangen werden darf, daß die Gesellschaft auf Dauer lebensfähig ist und in absehbarer Zeit mit der Liquidation gerechnet werden muß. Anderenfalls sind die Liquidationswerte in Ansatz zu bringen. Diese Prüfung erfolgt nach herrschender Meinung aus zwei Elementen, nämlich der Prüfung der rechnerischen Überschuldung und der Fortführungsprognose (sogenannte modifizierte zweistufige Überschuldungsprüfung).

Bei der rechnerischen Überschuldung, die sich ausschließlich nach Liquidationswerten richtet, handelt es sich um eine fiktive Konkurseröffnungsbilanz. Ist die Gesellschaft rechnerisch überschuldet, ist sie auch rechtlich überschuldet, wenn die Fortbestehensprognose negativ ausfällt.

Bei der Fortbestehensprognose ist nur erforderlich, daß die Gesellschaft aufgrund der Finanzierungsmöglichkeiten in der Lage sein wird, die Verbindlichkeiten zu erfüllen.

Dieser modifizierten zweistufigen Überschuldungsprüfung ist der Vorzug zu geben.

Ist die Gesellschaft rechnerisch nicht überschuldet, können alle Gläubiger befriedigt werden, weil der Status auf der Basis von Liquidationswerten erstellt wurde.

Ist die Gesellschaft rechnerisch überschuldet, aber die Fortbestehensprognose ist positiv ausgefallen, dann ist die Befriedigung der Gläubiger aus den Erträgen der wirtschaftenden Gesellschaft gesichert. Die Fortbestehensprognose verhindert, daß lebensfähige Unternehmen liquidiert werden.

bb) Die Überschuldungsbeseitigung

Zur Beseitigung der Überschuldung können finanzielle Maßnahmen der Gesellschafter und gegebenenfalls auch der Gläubiger in Frage kommen.

Sowohl die Gesellschafter als auch die Gläubiger können zur Beseitigung einer Überschuldung und zur Vermeidung von Konkursverfahren vereinbaren, daß die Gesellschaft zur Rückzahlung eines Darlehens an die Gesellschafter nur verpflichet ist, sobald und soweit die sonstigen Verbindlichkeiten durch Aktivvermögen, bewertet nach Liquidationswerten, gedeckt sind (Rangrücktrittsvereinbarung).

Zur Entschuldung von sogenannten **Altkredit**-Verbindlichkeiten (solche, die vor dem 1. Juli 1990 entstanden sind) können in Absprache zwischen den Altkreditgläubigern, dem Bundesaufsichtsamt für Kreditwesen und der Treuhandanstalt Vereinbarungen dahingehend getroffen werden, daß bei Treuhandunternehmen in Liquidation lediglich eine Forderung in Höhe der voraussichtlichen Gesamtvollstreckungsquote erhoben wird und die Altkreditgläubiger darüber hinaus auf die Restforderung verzichten.

Darüber hinaus können zusätzlich **Patronatserklärungen** der Treuhandanstalt, finanzielle Zuschüsse und Vergleiche mit Gläubigern einer Überschuldung entgegenwirken.

cc) **Die Aussetzung der Konkursantragspflicht (§ 56d DMBilG)**

Die Kapitalausstattung der früher volkseigenen Unternehmen erfolgte in drei Stufen, und zwar erfolgt auf der hier interessierenden ersten Stufe die Kapitalausstattung dergestalt, daß bei einer Unterbilanz eine Ausgleichsforderung an den Anteilseigner (die Treuhandanstalt) entsteht, die die Treuhandanstalt ablehnen kann und bei mangelnder Sanierungsfähigkeit ablehnen muß (§ 24 DMBilG). Voraussetzung für die Aktivierung der Ausgleichsforderung ist u. a. daß sich bei der Aufstellung der Eröffnungsbilanz ein nicht durch Eigenkapital gedeckter Fehlbetrag ergeben würde.

Beispiel:

A Anlagevermögen			**A** Eigenkapibtal	
I. Sachanlagen	500		I. Gezeichnetes Kapital	-
II. Finanzanlagen	200		II. Gewinnrücklagen	-
B Umlaufvermögen			**B** Rückstellungen	350
I. Vorräte	100			
II. Forderungen	200			

C Nicht durch Eigenkapital gedeckter Fehlbetrag =	650 1.650	C Verbindlichkeiten	1.350 1.650

Nach § 56d Abs. 1 DMBilG ist die Insolvenzantragspflicht der Vertretungsorgane der Treuhandunternehmen für den Insolvenzgrund der Überschuldung bis zur Beschlußfassung über die Kapitalneufestsetzung wegen einer bei der Aufstellung der Eröffnungsbilanz sich ergebenden Überschuldung suspendiert. Die Möglichkeit zur Kapitalneufestsetzung wird bei der Änderung des § 57 DMBilG bis zum 31. Dezember 1993 verlängert.

Die Anordnung der Liquidation stellt nicht eine konkludente Ablehnung der Neufestsetzung des Kapitals dar, da trotz der Liquidation eine Sanierung erfolgen kann und im Zuge der sanierenden Tätigkeit auch eine Neufestsetzung des Kapitals geboten sein kann. § 56 DMBilG ist deshalb wie folgt auszulegen:

Solange die DM-Eröffnungsbilanz nicht festgestellt ist, kann eine Überschuldung nicht eintreten. Bis zur Feststellung der DM-Eröffnungsbilanz wird eine ausgeglichene Bilanz durch die Ausgleichsforderung erreicht. Solange diese noch nicht abgelehnt ist, kann das Unternehmen diese Forderung als werthaltig aktivieren. Diese Ausgleichsforderung ändert sich laufend zum Ausgleich einer ohne sie bestehenden Überschuldung. Auch Unternehmen, deren Eröffnungsbilanz zum 1. Juli 1990 keine Ausgleichsforderung ausgewiesen hat, können eine solche Ausgleichsforderung aktivieren, wenn sich ohne sie eine Überschuldung ergeben würde.

Die Treuhandanstalt ist nicht verpflichtet, unverzüglich nach der Erkenntnis der fehlenden Sanierungsfähigkeit die Feststellung der DM-Eröffnungsbilanz und die darin möglicherweise enthaltene Ausgleichsforderung abzulehnen. Durch die Verlängerung der Fristen in

§ 57 DMBilG sind konkludent auch die Feststellungsfristen des § 35 DMBilG verlängert. Einzige rechtliche Folge der bisher fehlenden Feststellung der DM-Eröffnungsbilanz ist, daß das Unternehmen seit 1. Juli 1991 kraft Gesetzes aufgelöst ist.

e) **Der Schaden**

Das pflichtwidrige Verhalten des Geschäftsführers muß ursächlich sein für den eingetretenen Schaden. Dabei ist streitig,

- ob nur solche Vermögensminderungen als Schaden zu begreifen sind, die dem Unternehmenszweck widersprechen;

- ob nur pflichtwidrig herbeigeführte Nachteile als Schaden zu verstehen sind;

- oder ob jede rechnerische Vermögensminderung als Schaden anzusehen ist.

Zu Recht weist Scholz/Schneider,

GmbHG, § 43 Rz. 159,

darauf hin, daß einer Einengung des Schadensbegriffs nicht gefolgt werden könne, da dies den Darlegungs- und Beweislastregelungen der § 93 Abs. 1 Satz 2 AktG, § 34 Abs. 2 Satz 2 GenG widersprechen würde.

f) **Das Verschulden**

Voraussetzung für die Haftung der Abwickler/Liquidatoren ist, daß sie ihre Pflichten schuldhaft, d.h. vorsätzlich oder fahrlässig, verletzt haben. Es gibt keinen eigenständigen Fahrlässigkeitsbegriff. Der Maßstab ist jedoch nicht die im Verkehr erforderliche Sorgfalt, sondern die Sorgfalt des ordentlichen Geschäftsmanns. Verfügt der Liquidator über besondere individuelle Fähigkeiten, so ist dies der anzulegende Maßstab. Die Sorgfalt des ordentlichen Geschäftsmanns bildet den objektiven Mindestmaßstab.

> Scholz/Schneider, GmbHG,
> § 43 Rz. 165.

g) Die Verjährung

Die Ansprüche der Gesellschaft aus §§ 43, 63 GmbHG verjähren in fünf Jahren (§ 43 Abs. 4 GmbHG). Stellt die Pflichtverletzung zugleich eine unerlaubte Handlung gegenüber der Gesellschaft dar, so richtet sich die Verjährung des deliktsrechtlichen Anspruchs nach § 852 BGB, d.h. der Anspruch verjährt in drei Jahren.

> Scholz/Schneider, GmbHG,
> § 43 Rz. 201, 202.

Liegt in der Pflichtverletzung des Gesellschafter-Geschäftsführers zugleich eine Verletzung der ihm als Gesellschafter obliegenden Treuepflicht, so kann sich der Abwickler nicht auf die fünf-jährige Verjährung berufen.

> BGH NJW 1982, 2869.

Es gilt vielmehr die regelmäßige Verjährungsfrist von 30 Jahren (§ 195 BGB).

Die Verjährung beginnt mit der Entstehung des Anspruchs (§ 198 BGB). Maßgeblich ist der Zeitpunkt, in dem der Schaden dem Grunde nach entstanden oder zumindest die Verschlechterung der Vermögenslage eingetreten ist. Unstreitig beginnt die Verjährung nicht erst mit der Kenntnis der Gesellschafter von der Pflichtwidrigkeit oder gar von dem eingetretenen Schaden.

h) Die Haftung der Abwickler/Liquidatoren gegenüber Dritten

Die Frage der persönlichen Haftung der Abwickler/Liquidatoren gegenüber Gesellschaftsgläubigern der Aktiengesellschaft oder der Gesellschaft mit beschränkter Haftung, die er im Rechtsverkehr vertritt, kann differenziert werden nach einer unmittelbaren und einer mittelbaren persönlichen Haftung. Neben der Haftung aus "culpa in contrahendo" kommen für eine unmittelbare persönliche Haftung der Abwickler/Liquidatoren die Ansprüche aus § 823 Abs. 2 BGB i. V. m. Schutzgesetzen wie §§ 263, 265 b, 266 StGB, § 64 GmbHG sowie der Tatbestand der vorsätzlichen sittenwidrigen Schädigung des § 826 BGB in Betracht.

> Siehe hierzu auch
> Scholz/Schneider, GmbHG.
> § 43 Rz. 217 ff.

Eine mittelbare Außenhaftung der Abwickler/Liquidatoren liegt dann vor, wenn außenstehende Dritte Schadensersatzansprüche der Gesellschaft mit beschränkter Haftung gegenüber dem Geschäftsführer verlangen und diese Ansprüche aus abgeleitetem Recht geltend machen. Wichtigster praktischster Anwendungsfall einer mittelbaren Außenhaftung ist § 64 GmbHG. Nach dieser Vorschrift haften die Abwickler/Liquidatoren der Gesellschaft für die Folgen einer verspäteten Konkursantragstellung, insbesondere für die Zahlungen, die nach Eintritt des Konkursgrunds noch geleistet worden sind und die ein ordentlicher Kaufmann nicht mehr vorgenommen hätte. Der Höhe nach ist dieser Schadensersatzanspruch der Gesellschaft auf den sogenannten Quoten- oder Gesamtgläubigerschaden begrenzt. Dies bedeutet, daß die Abwickler/Liquidatoren der Gesellschaft den Betrag zu zahlen haben, der sich durch die schuldhafte Konkursverschleppung und die damit verbundene weitere Minderung des Gesellschaftsvermögens ergibt. Es ist deshalb für die Bemessung der Schadenshöhe ein Vergleich zwischen der hypothetischen Vermögensmasse der Gesellschaft bei rechtzeitiger Antragstellung und der tatsächlich nach Konkursverschleppung vorhandenen Vermögensmasse anzustellen.

Im Falle der Durchführung eines Konkursverfahrens steht der Schadensersatzanspruch der Konkursmasse zu und ist dementsprechend durch Zahlung in die Masse zu erfüllen.

aa) Die Haftung für nicht abgeführte Sozialversicherungsbeiträge (§ 823 Abs. 2 BGB i. V. m. § 266a StGB)

Die Anspruchsgrundlage einer Haftung für nicht abgeführte Sozialversicherungsbeiträge ergibt sich aus § 823 Abs. 2 BGB i. V. m. § 266a StGB (früher § 529 RVO bezüglich der gesetzlichen Krankenversicherung; § 1428 RVO für die gesetzliche Rentenversicherung; § 150 AVG in bezug auf die Renten- und Krankenversicherung für Angestellte und § 225 AFG für die Kranken-, Unfall- und Rentenversicherung nach dem AFG).

Der Geschäftsführer haftet danach für die einbehaltenen Arbeitnehmeranteile aus Sozialversicherungsbeiträgen,

BGH BB 1982, 1735,

wobei es keinen Unterschied macht, ob bei Auszahlung des Nettolohns hinreichend Mittel für die Sozialversicherungsbeiträge zur Verfügung standen oder ob die Mittel für die Bedienung der Sozialversicherungsbeiträge fehlen. Die Haftung entfällt auch nicht dann, wenn der Nettolohn ausgezahlt wird und die Gesellschaft vor Fälligkeit der Sozialversicherungsbeiträge insolvent wird. Letztlich könnten die Abwickler/Liquidatoren der Haftung für die Arbeitnehmeranteile an den Sozialversicherungsbeiträgen nur dann entgehen, wenn sie die zur Verfügung stehenden Nettolohnbeträge ihrerseits um die hierauf entfallenden Versicherungsbeiträge kürzen und die Beiträge abführt.

BGH DB 1982, 442.

Auch die nicht vorhersehbare Insolvenz läßt die Haftung für die Sozialversicherungsbeiträge nicht entfallen, da das Vertrauen auf einen bestehenden Kredit, aus dem die Beträge gezahlt werden können, nicht geschützt ist.

BGH VersR 1981, 529.

Für den Vorsatz, wie ihn § 266 StGB voraussetzt, ist das Bewußtsein und der Wille erforderlich und ausreichend, die Abführung der Beiträge bei Fälligkeit zu unterlassen. Konnten die Abwickler/Liquidatoren aufgrund der mit der Hausbank abgestimmten Kreditgewährungspraxis darauf vertrauen, daß die Bank die zur Bezahlung der Sozialversicherungsbeiträge gegebenen Schecks auch einlöst, dies dann jedoch ablehnt, kann dies den Vorenthaltungsvorsatz i. S. d. § 266a StGB entfallen lassen.

BGH WM 1991, 2113.

Beschäftigt der Abwickler/Liquidator "Schwarzarbeiter", für die Sozialversicherungsbeiträge nicht gemeldet und nicht abgeführt wurden, haftet er unter dem Gesichtspunkt des Betrugs (§ 823 Abs. 2 BGB, § 263 StGB) persönlich sowohl für die Arbeitnehmer- als auch für die Arbeitgeberanteile.

BGH EWiR 1990, 49 (Plagemann).

bb) **Die Haftung für Konkursausfallgeld**

Die Frage der Haftung des Abwicklers/Liquidators für die Rückerstattung des Konkursausfallgelds an das Arbeitsamt im Falle der Konkursverschleppung ist in der jüngeren Vergangenheit in einer Vielzahl von Urteilen Gegenstand der Erörterung gewesen.

Es ist in der Literatur und Rechtsprechung unstreitig, daß § 64 GmbHG ein Schutzgesetz i. S. d. § 823 Abs. 2 BGB zugunsten der Gläubiger ist.

BGH ZIP 1987, 509.

Trotzdem fällt nach der Auffassung des Bundesgerichtshofs,

ZIP 1989, 1341,

die Bundesanstalt für Arbeit als Leistungsträger der Verpflichtung zur Zahlung von Konkursausfallgeld nicht in den Schutzbereich des § 64 Abs. 1 GmbHG.

Nachdem der Bundesgerichtshof den Schutzbereich des § 64 GmbHG in bezug auf die Bundesanstalt für Arbeit eingeengt hat, ist der Weg der Schadensersatzpflicht über § 826 BGB gewiesen worden.

Erkennt der Geschäftsführer einer GmbH die Überschuldung der Gesellschaft und stellt er trotz des Bewußtseins wachsender Schädigung der Gläubiger keinen Konkursantrag, so kann dies beim Vorliegen nachfolgender Voraussetzungen den Tatbestand der sittenwidrigen Schädigung erfüllen.

Der Abwickler/Liquidator kann sich grundsätzlich nicht darauf berufen, daß er das Vorliegen eines Konkursgrundes nicht erkannt habe.

BGH BB 1957, 522.

Er ist deshalb verpflichtet, bei der drohenden Überschuldung oder Zahlungsunfähigkeit einen Vermögensstatus aufzustellen. Nach dem Urteil des Bundesgerichtshofs,

v. 13.7.1992 - II ZR 269/91,

liegt eine Überschuldung dann vor, wenn das Vermögen bei Ansatz von Liquidationswerten unter Einbeziehung von stillen Reserven die bestehenden Verbindlichkeiten nicht deckt (rechnerische Überschuldung) und die Finanzkraft der Gesellschaft nach überwiegender Wahrscheinlichkeit mittelfristig nicht zur Fortführung des Unternehmens ausreicht (Überlebens- und Fortbestehensprognose).

Bei dem Haftungstatbestand eines Verstoßes gegen die guten Sitten handelt es sich um die deliktsrechtliche Generalklausel, wonach derjenige zu Schadensersatz verpflichtet ist, dessen Verhalten gegen das Anstandsgefühl der billig und gerecht Denkenden verstößt. Dabei ist bei den Anforderungen an das Anstandsgefühl ein durchschnittlicher Maßstab anzulegen, wobei die Umstände des Einzelfalls zugrunde zu legen sind. Es ist das Gesamtbild des Verhaltens zu würdigen, d.h., es sind sowohl die objektiven als auch die subjektiven Umstände zu werten. Für die Annahme des sittenwidrigen Verhaltens kann ein leichtfertiges und gewissenloses Verhalten genügen. Direkter Vorsatz ist nicht erforderlich.

BGH WM 1985, 1531, 1533.

Für das Merkmal der vorsätzlichen Schädigung reicht aus, daß der Handelnde die Entstehung des Schadens für möglich gehalten hat.

BGH WM 1989, 1715, 1717.

Insoweit ist anerkannt, daß die vorsätzliche Konkursverschleppung in der Absicht, den als unabwendbar erkannten Todeskampf eines Unternehmens so lange als möglich hinauszuzögern, den Tatbestand der sittenwidrigen Schädigung i. S. d. § 826 BGB erfüllen kann.

Die Sittenwidrigkeit der vorsätzlichen Konkursverschleppung kann im Verhältnis zur Bundesanstalt für Arbeit darin gesehen werden, daß das pflichtwidrige Unterlassen des Konkursantrags dazu geführt hat, daß die Gesellschaft ihre Verpflichtung gegenüber den Arbeitnehmern nicht erfüllen konnte und deshalb die Bundesanstalt für Arbeit Konkursausfallgeld als Lohnersatzleistung zahlen mußte.

Die Bundesanstalt für Arbeit als Geschädigte genügt ihrer Darlegungslast schon dann, wenn sie hohe und während der Tätigkeit der Abwickler/Liquidatoren anwachsende Verbindlichkeiten vorträgt.

BGH WM 1989, 1567, 1571.

Ein Sittenverstoß liegt jedoch dann nicht vor, wenn der Abwickler/Liquidator den Konkursantrag unterlassen hat, weil er die Krise des Unternehmens als noch überwindbar und den Sanierungsversuch als berechtigt ansehen durfte.

BGH WM 1984, 625, 632.

Der Abwickler/Liquidator kann sich jedoch nicht mit dem Einwand entlasten, er habe den Konkursantrag deshalb unterlassen, weil dies die Gesellschafter von ihm verlangt hätten. Auch das Streben nach der Erhaltung der eigenen Stellung kann den Abwickler/Liquidator nicht von dem Vorwurf der sittenwidrigen Schädigung befreien.

cc) **Die Haftung für einbehaltene und nicht abgeführte Lohnsteuer**

Der Abwickler/Liquidator haftet nach § 69 AO bei grob fahrlässiger sowie bei vorsätzlicher Verletzung seiner Verpflichtung, die einbehaltenen Lohnsteuerbeträge an das Betriebsstättenfinanzamt abzuführen. Die Verpflichtung, die Steuerbeträge von den Löhnen und Gehältern einzubehalten und abzuführen, ergibt sich aus §§ 38, 41a, 41d EStG. Deshalb haftet der Liquidator persönlich für die nicht abgeführte Lohnsteuer, die Lohnkirchensteuer, die eventuelle Ergänzungsabgabe sowie für einen eventuellen Solidaritätszuschlag, wenn er trotz Kenntnis der schlechten Finanzlage der Gesellschaft und dem ausgeschöpften Kreditrahmen Überweisungsaufträge hinsichtlich der Löhne und Steuerbeträge ausstellt und es über einen Zeitraum von acht Monaten hingenommen hat, daß die Bank nur die Löhne, nicht aber die Steuerabzugsbeträge gezahlt hat.

BFH, Urt. v. 8. 3. 1984 - VII R 23/81.

Stehen der Gesellschaft nur Mittel in Höhe der tatsächlich ausgezahlten Nettolöhne zur Verfügung, so beschränkt sich die persönliche Haftung des Abwicklers/Liquidators auf die Lohnsteuerbeträge, die er bei gebotener Kürzung der Nettolöhne aus den vorhandenen Mitteln hätte abführen können.

BFH BB 1988, 2234.

Die Beweislast dafür, daß nur Mittel in Höhe der Nettolöhne zur Verfügung gestanden haben, trägt der Abwickler/Liquidator.

BFH BStBl II 1983, 670.

IX. Die Altlastenhaftung in der Liquidation

1. Allgemeines

Der Vorstand der Treuhandanstalt hat im September 1991 eine eigenständige Organisationsstruktur zur Sicherung umweltrechtlicher Anforderungen bei Grundstücken, Gebäuden, Anlagen und sonstigen umweltrechtlich relevanten Gegenständen der Treuhandanstalt beschlossen.

Diese sogenannte **Umweltverantwortlichkeit** betrifft allerdings nur diejenigen Fälle, bei denen die Treuhandanstalt die unmittelbare Sachherrschaft (Besitz, Eigentum oder treuhänderische Verwaltung) über Liegenschaften und/oder darauf befindliche Gegenstände ausübt.

Auch für zu liquidierende Unternehmen sind die **umweltschutzrechtlichen Vorgaben** für die Errichtung, Änderung und den Betrieb von Anlagen sowie den Umgang mit gefährlichen Stoffen zu berücksichtigen. Diese beziehen sich primär auf die Bereiche

- Wasserwirtschaft,

- Immissionsschutz,

- Abfallwirtschaft,

- kerntechnische Sicherheit und Strahlenschutz.

Die Geschäftsführungen von Unternehmen bzw. deren Liquidatoren waren aufgefordert worden, in den Fällen, wo es erforderlich ist, bei den Zuständigen Behörden eine Freistellung von der haftungsrechtlichen Verantwortung für ökologische Altlasten zu beantragen. Die Anmeldefrist ist mit dem 28. März 1992 abgelaufen.

Die Erfolgsaussichten eines fristgerecht eingereichten Freistellungsantrags sind in hohem Maße davon abhängig, daß der Antrag detailliert begründet ist und die möglichen, aus der ökologischen Altlast resultierenden, Investitionshemmnisse nachgewiesen werden.

Altlasten sind Belastungen des Bodens durch Schadstoffe aus industrieller oder gewerblicher Nutzung, von denen eine Gefahr für die öffentliche Sicherheit oder Ordnung ausgeht.

2. Die Altlastenfreistellung

Zur Altlastenfreistellung ist eine Finanzierungsregelung getroffen worden, die wie folgt erläutert wird:

Seit Herbst 1991 stellte sich heraus, daß die Länder als Freistellungsbehörde dem Antragsvolumen (44.000 Anträge) nicht gewachsen waren. Außerdem befürchteten die Länder, die Freistellungen könnten ihr Budget über Gebühr belasten und blockierten die Erteilung der Freistellungsbescheide. Die Verkäufe stagnierten. Daraufhin entschloß sich der Bund, Freistellungen für die Länder attraktiver zu machen. Die Finanzierungsregelung vom 22. Oktober 1992 sagt den Ländern daher für den Fall einer Freistellung die Erstattung von 60 % - bzw. bei Großprojekten 75 % - der Kosten zu. Im Gegenzug haben sich die Länder verpflichtet, Freistellungsanträge beschleunigt zu bearbeiten und zu bescheiden.

Ein Freistellungsbeschluß nach dem Umweltrahmengesetz stellt frei von der öffentlich-rechtlichen bzw. der privatrechtlichen Haftung für "Schäden, die durch den Betrieb der Anlage oder die Benutzung des Grundstücks" verursacht wurden. Die Schäden sind jedoch, sofern es den Hauptanwendungsbereich, die öffentlich-rechtlichen Ansprüche betrifft, nur dann freistellungsfähig, wenn sie eine Gefahr für die öffentliche Sicherheit und Ordnung darstellen. Es handelt sich daher im wesentlichen um Maßnahmen der Gefahrenabwehr bei ökologischen Altlasten und bergbauliche Lasten. Nur in Einzelfällen können Gebäude, die eine Gefahr für die öffentliche Sicherheit und Ordnung darstellen, umfaßt sein.

Begünstigte der Regelung vom 22. Oktober 1992, also "Unternehmen im Bereich der THA" sind privatisierte und grundsätzlich auch nicht privatisierte Unternehmen. Dabei sind reprivatisierte Unternehmen dann wie privatisierte zu behandeln, wenn ausnahmsweise eine Kostenregelung entsprechend den Privatisierungsverträgen getroffen wurde. Unternehmen in Liquidation und Gesamtvollstreckung sind dann wie privatisierte Unternehmen zu behandeln, wenn ein mit Altlastenklausel verbundener Verkauf erfolgt.

Die in der Regelung vom 22. Oktober 1992 genannte 1 Mrd. DM/Jahr bezieht sich auf den Kostenanteil, der von Treuhand und Ländern geteilt wird. Die vom Käufer zu tragenden Kosten sind hiervon nicht umfaßt. Die Verteilung der 1 Mrd. DM erfolgt entsprechend einer Länderquote auf die einzelnen neuen Bundesländer. Zur genauen Quotenhöhe und dem Verteilermodus herrscht zur Zeit noch Uneinigkeit.

Die Beteiligungsquote 40 : 60 bezieht sich immer auf den vertraglich vereinbarten Treuhandanteil. Dies gilt auch dann, wenn der Käufer weniger als 10 % der Kosten trägt.

Die Finanzierungsregelung gilt für Unternehmen, die am 15. Oktober 1992 bereits privatisiert wurden. Sie gilt rückwirkend ab 1. Januar 1992. Dies bedeutet, daß in dem so definierten Zeitrahmen von etwa zehn Monaten alle Verträge bedacht werden können. Die Verträge, die vor dem 1. Januar 1992 geschlossen wurden, sind nicht begünstigt. Die Verträge, die nach dem 15. Oktober 1992 geschlossen werden, werden ebenfalls begünstigt sein. Als maßgeblicher Zeitraum gilt grundsätzlich das Datum der notariellen Beurkundung.

Dazu zählen Unternehmen der Braunkohle, die Großchemie-Unternehmen Buna, Leuna, die Filmwerke Wolfen, die Chemie AG Bitterfeld/Wolfen und das Hydrierwerk Zeitz sowie weitere Großprojekte, über die sich Länder und THA noch einigen werden. Für sie gilt der Verteilerschlüssel 75 % THA zu 25 % Land.

Beispiel für ein privatisiertes Unternehmen (40 : 60-Regelung)

a) Von einem von der Treuhand gekauften Grundstück geht eine Gefahr für die öffentliche Sicherheit oder Ordnung aus.

b) Die Behörde erläßt einen umfassenden Freistellungsbescheid. Dies bedeutet zunächst, daß der Käufer von der Behörde nicht mehr auf Sanierung in Anspruch genommen werden kann. Weiterhin bedeutet dies, daß nach dem Kaufvertrag ein Kostenerstattungsanspruch gegen die THA entfällt. Die THA ist der Landesbehörde nur aufgrund der Vereinbarung vom 22. Okober 1992 und einer noch zu schließenden Verwaltungsvereinbarung gegenüber verpflichtet, ihr 60 % der dort entstehenden Kosten zu erstatten.

c) Gefahrenabwehrmaßnahmen werden nunmehr von der Behörde festgelegt.

d) Die Behörde führt die Maßnahmen entsprechend c) und mit Berichtspflichten gegenüber der THA durch. Es werden dabei die Einzelstufen Erkundung, Planung und Realisation durchschritten.

e) Es gehen Rechnungen bei der Behörde ein. Diese werden abschnittsweise und in Teilsummen über einen längeren Zeitraum hinweg gestellt und von der Behörde bezahlt.

f) Der Erwerber zahlt den im Kaufvertrag übernommenen Sockelbetrag an die Behörde.

g) Die Behörde stellt dem Käufer den Teil der Rechnungen in Rechnung, der seinem vertraglichen Anteil entsprechend dem Kaufvertrag mit der Treuhandanstalt entspricht. Der Restbetrag wird von dem freistellenden Land gezahlt. Das Land macht nun im Innenverhältnis einen Anspruch gegen die Treuhandanstalt in Höhe von 60 % der gezahlten Summe geltend.

h) Rechenbeispiel:

Vertragliche Regelung:

Sockel:	DM 50.000
Deckel:	DM 2.000.000

Zwischen Sockel und Deckel:

Treuhandanstalt	90 %
Käufer	10 %

Oberhalb Deckel:	Käufer bis unendlich

Es erfolgt eine Freistellung in der Höhe, in der der Käufer nicht vertraglich zur Kostentragung verpflichtet ist.

Eine Gefahrenabwehrmaßnahme in Höhe von 2.100.000 DM ist vorzunehmen.

Dies bedeutet:
Der Käufer trägt
Sockelbetrag: DM 50.000
Quotenbetrag: DM 195.000
oberhalb Deckel: DM 100.000
gesamt: DM 345.000

Der Rest von DM 1.755.000 wird zwischen Treuhandanstalt (60 %) und Land (40 %) geteilt. Die Kosten für die Treuhandanstalt betragen also DM 1.053.000. Die Kosten für das Land betragen DM 702.000.

3. Ordnungspolizeiliche Verfügungen

Die Ordnungsbehörden gingen im letzten Jahr dazu über, Liquidatoren von Treuhandunternehmen durch Ordnungsverfügungen zur Beseitigung - vermeintlicher - Gefahren, die sich aus sogenannten "Altlasten" oder anderen umweltrelevanten Tatbeständen ergeben, anzuhalten. Oft verbinden sie damit die Androhung von Zwangsmitteln, insbesondere der sogenannten "Ersatzvornahme", d. h. die Absicht, die Gefahrenabwehrmaßnahme selbst auszuführen oder einen anderen mit der Ausführung zu beauftragen - auf Kosten des Betroffenen.

a) Die Verantwortlichkeit

Verantwortlich für die Abwehr von Gefahren für die öffentliche Sicherheit, die sich aus dem Zustand einer Sache bzw. aus dem Verhalten einer Person ergeben, ist grundsätzlich die natürliche oder juristische Person, die Eigentümerin oder Inhaberin der tatsächlichen Sachherrschaft der entsprechenden Sache ist bzw. von deren Verhalten die entsprechende Gefahr verursacht wird (sogenannte "Zustands- bzw. Handlungsstörer"). Die Treuhandunternehmen sind - in Form von GmbH oder AG - eigenständige juristische Personen, die Träger von Rechten und Pflichten sein können. So sind sie selbständige Eigentümer z. B. von Betriebsgrundstücken oder Betreiber von Anlagen, von denen solche Gefahren für die Umwelt ausgehen können

- und damit unmittelbar Zustands- oder Handlungsstörer. Die Treuhandanstalt als Gesellschafterin ist auch nicht mittelbar Trägerin einer solchen öffentlich-rechtlichen Verantwortung und kann daher von den Ordnungsbehörden für eine Gefahrenabwehrmaßnahme nicht in Anspruch genommen werden. Da die öffentlich-rechtliche Störerverantwortung bis zum Aufbringen eventuell erforderlicher finanzieller Mittel zur Gefahrenabwehr reicht - einschließlich des möglichen Ersatzes von Kosten, die die Ordnungsbehörden bei einer Ersatzvornahme verauslagen -, ist die Treuhandanstalt als solche auch zur Bereitstellung solcher Mittel bzw. zum Ersatz verauslagter Kosten nicht verpflichtet.

Deshalb können sich weder die Ordnungsbehörden an die Treuhandanstalt als solche wenden, noch besteht eine Rechtspflicht der Treuhandanstalt, die Unternehmen mit den eventuell erforderlichen Mitteln auszustatten bzw. solche zum Ausgleich von Ersatzansprüchen der Behörden bereitzustellen.

b) Der Verwaltungszwang

Befürchtet die Ordnungsbehörde, daß der Adressat eines Verwaltungsaktes dem darin ausgesprochenen Gebot nicht bzw. nicht rechtzeitig nachkommt, kann sie ihn - auf der Grundlage des Verwaltungsvollstreckungsgesetzes des einzelnen Bundeslands - mit Zwangsmitteln (der "Ersatzvornahme", dem "Zwangsgeld" bzw. dem "unmittelbaren Zwang") dazu anhalten. Voraussetzung ist, daß der Verwaltungsakt unanfechtbar ist oder das gegen ihn mögliche Rechtsmittel, also der Widerspruch oder die Klage, keine aufschiebende Wirkung hat. In Ausnahmefällen kann der Verwaltungszwang sogar ohne vorausgehenden Verwaltungsakt angewendet werden, wenn dies zur Abwehr einer gegenwärtigen Gefahr notwendig ist und die Vollstreckungsbehörde innerhalb ihrer Befugnisse handelt.

Stets muß das Zwangsmittel in einem angemessenen Verhältnis zu seinem Zweck stehen und für den Betroffenen möglichst wenig beeinträchtigend sein.

Unmittelbarer Zwang darf überhaupt nur angewendet werden, wenn andere Zwangsmittel nicht zum Ziele führen oder untunlich sind.

Vor ihre Anwendung sind Zwangsmittel grundsätzlich zunächst anzudrohen. Diese Androhung kann mit dem Verwaltungsakt verbunden werden. Wird eine Ersatzvornahme angedroht, so sollen in der Androhung die voraussichtlichen Kosten angegeben werden.

Vor der Androhung von Zwangsmitteln kann abgesehen werden, wenn die Umstände eine solche nicht zulassen, insbesondere wenn die sofortige Anwendung des Zwangsmittels zur Abwehr einer gegenwärtigen Gefahr notwendig ist.

Wird die Verpflichtung aus dem Verwaltungsakt innerhalb der Frist, die in der Androhung bestimmt ist, nicht erfüllt, setzt die Vollzugsbehörde das Zwangsmittel fest, sofern nicht der Erlaß eines vorangehenden Verwaltungsakts im Falle der Abwehr gegenwärtiger Gefahren entfallen ist.

Das Zwangsmittel wird dann gemäß der Festsetzung auf eine neuerliche Entscheidung hin angwendet.

Alle drei Stufen der Anwendung von Verwaltungszwangsmitteln, die Androhung, die Festsetzung und die Anordnung der Anwendung, sind - wie der jeweils zugrundeliegende Verwaltungsakt selbst - selbständige Verwaltungsakte, die jeweils selbst einer vollständigen Prüfung ihrer Recht- und Zweckmäßigkeit unterliegen.

Nur der **rechtmäßige** Verwaltungsakt kann zwangsweise durchgesetzt werden. Schon die Feststellung der Rechtswidrigkeit des zugrundeliegenden Verwaltungsakts ergibt die Rechtswidrigkeit einer entsprechenden Zwangsmaßnahme.

Daraus ergibt sich, daß die Androhung einer Ersatzvornahme für den Fall des nicht fristgemäßen Befolgens einer Verfügung zur Beseitigung einer - angeblichen - Gefahr aus einer Altlast oder aus einem anderen umweltrelevanten Tatbestand durch ein Treuhandunternehmen nicht automatische Befolgungspflichten auslöst. Jedes Unternehmen hat die Berechtigung wie die Verpflichtung, den Verwaltungsakt und die entsprechenden Zwangsmittel einer eigenen sorgfältigen rechtlichen Prüfung zu unterziehen und gegebenenfalls diese Prüfung durch die Behörde selbst vornehmen zu lassen. Erst dann können Handlungspflichten entstehen.

Stellt sich nach einem solchen Rechtsmittelverfahren heraus, daß die Ordnungsverfügung zu erfüllen ist, ist aber das Unternehmen finanziell bzw. wirtschaftlich nicht in der Lage, der Verpflichtung zu entsprechen, liegt ein Fall der Zahlungsunfähigkeit vor, der in letzter Konsequenz zum Konkurs führt. Entsprechendes gilt, wenn die Ordnungsbehörde die Verfügung inzwischen zwangsweise - z. B. im Wege der Ersatzvornahme - durchgeführt hat und nun Kostenersatz von dem Unternehmen verlangt, das diesen aber nicht zu leisten vermag. Im Falle der Inanspruchnahme des Unternehmens als Handlungsstörer muß in diesem Falle der - dann zu bestellende - Konkursverwalter mit der Konkursmasse für die Erfüllung einstehen. Höchst streitig ist die Einordnung des Anspruchs der Behörde auf Ersatz als Konkursforderung oder als Masseforderung.

Ebenfalls höchst streitig ist die Frage, ob bei der polizeilichen Zustandshaftung sich der Verwalter durch Freigabe der Sache einer Haftung entledigen kann. Durch die Freigabe endet die Massezugehörigkeit des freigegebenen Gegenstands; die Verfügungsbefugnis fällt an die insolvente Gesellschaft zurück. Diese kann darüber hinaus das Eigentum an dem Gegenstand aufgeben; bei Grundstücken entsteht ein Aneignungsrecht des Lands, in dem das Grundstück liegt.

Ist die Gesellschaft vermögenslos, geht eine obligatorische oder Verursacherhaftung praktisch ins Leere. Vermögenslose Gesellschaften werden im Handelsregister gelöscht.

Die Treuhandanstalt vertritt die Meinung, daß sie auch bei insolventen Treuhandunternehmen nicht verpflichtet ist, für Altlasten oder andere umweltrelevante Tatbestände einzustehen oder solche Lasten zu beseitigen. Sie ist nicht verpflichtet, Konkursmassen von Altlasten oder anderen umweltrelevanten Tatbeständen zu befreien. Ein Haftungsdurchgriff auf die Treuhandanstalt findet nicht statt.

Die Treuhandanstalt ist nach dieser Auffassung auch ebenso nicht verpflichtet, massearme oder vermögenslose Gesellschaften im Wege der Liquidation abzuwickeln. Die Treuhandanstalt braucht der Masse altlastenbehaftete Objekte im Falle der Freigabe oder Eigentumsaufgabe auch nicht "abzunehmen".

X. Die Restitutionsansprüche in der Liquidation

Nach den Regelungen in Art. 41 Abs. 1 EinigungsV i. V. m. Nr. 3 der Anlage III und der Regelungen in §§ 3 ff VermG sind in der ehemaligen DDR entschädigungslos enteignete Vermögenswerte zurückzuübertragen oder es ist den Restitutionsberechtigten eine angemessene Entschädigung zu zahlen (§§ 8, 9 VermG).

Nach § 3 Abs. 3 VermG ist der Verfügungsberechtigte, die Treuhandanstalt, erst zur Anordnung der Liquidation berechtigt und zur Abwendung der Gesamtvollstreckung nicht verpflichtet, wenn der Berechtigte trotz Aufforderung innerhalb eines Monats einen Antrag auf vorläufige Einweisung nach § 6a VermG nicht stellt oder ein solcher Antrag abgelehnt worden ist. Dies gilt auch bei einer verspäteten Anmeldung des Anspruchs. Die Treuhandanstalt ist zur Abwendung der Gesamtvollstreckung dann nicht verpflichtet, wenn der Berechtigte bis zum 1. September 1992 keinen Antrag nach § 6a VermG zur vorläufigen Einweisung gestellt hat oder wenn über einen gestellten Antrag bis zum 1. Dezember 1992 nicht entschieden worden ist.

Nach § 6a VermG hat die Behörde den Berechtigten auf Antrag vorläufig in den Besitz des zurückzugebenden Unternehmens einzuweisen, wenn die Berechtigung nachgewiesen ist und kein anderer Berechtigter nach § 3 Abs. 2 VermG Vorrang hat. Wird die Berechtigung nur glaubhaft gemacht, erfolgt die vorläufige Einweisung, wenn keine Anhaltspunkte dafür bestehen, daß die Berechtigten oder die zur Leitung des Unternehmens bestellten Personen die Geschäftsführung nicht ordnungsgemäß ausführen werden und im Falle der Sanierungsbedürftigkeit die Berechtigten über einen erfolgversprechenden Plan verfügen. Die nach § 25 VermG zuständige Behörde entscheidet über die Einweisung durch Bescheid nach § 33 Abs. 3 VermG innerhalb von drei Monaten.

Nach Ablauf eines Monats kann - wenn ein Antrag auf vorläufige Einweisung beim zuständigen Amt zur Regelung offener Vermögensfragen nicht eingegangen ist - die Liquidation von den Gesellschaftern beschlossen und mit der Veräußerung des Gesellschaftsvermögens begonnen werden.

Wurde ein Antrag auf vorläufige Einweisung gestellt und ist nach Ablauf von drei Monaten, gerechnet ab Eingang des Antrags beim zuständigen Amt zur Regelung offener Vermögensfragen, eine Entscheidung über den Antrag nicht ergangen, kann ebenfalls mit der Liquidation begonnen werden (vgl. das Argument aus § 6a Abs. 2 VermG).

Mit der Stillegung des Geschäftsbetriebs eines Unternehmens wandeln sich Unternehmens-Restitutionsansprüche, wenn die tatsächlichen Voraussetzungen für die Wiederaufnahme des Geschäftsbetriebs nach vernünftiger kaufmännischer Beurteilung fehlen, in Ansprüche nach § 6 Abs. 6 a Satz 1 VermG. Nach § 6 Abs. 6 a Abs. 1 VermG kann der Berechtigte die Rückgabe derjenigen Vermögensgegenstände verlangen, die sich im Zeitpunkt der Schädigung in seinem Eigentum befanden oder an deren Stelle getreten sind. Diesem Anspruch gehen Ansprüche von Gläubigern des Verfügungsberechtigten vor, soweit diese nicht unmittelbar oder mittelbar dem Bund, den Ländern, Gemeinden oder anderen juristischen Personen des öffentlichen Rechts zustehen (§ 6 Abs. 6 a Satz 2 VermG).

Auch in der Gesamtvollstreckung hat der Restitutionsberechtigte die Möglichkeit, seine Ansprüche durchzusetzen. Mit der Eröffnung der Gesamtvollstreckung gehen zwar grundsätzlich Unternehmens-Restitutionsansprüche unter. Bei Einstellung des Geschäftsbetriebs vor Eröffnung der Gesamtvollstreckung sind jedoch bereits zum Zeitpunkt der Stillegung Ansprüche nach § 6 Abs. 6 a Satz 1 VermG entstanden. Diese setzen sich in der Gesamtvollstreckung fort.

Zu den den Restitutionsberechtigten vorgehenden Schulden gehören Verbindlichkeiten aus Altkrediten, nicht aber Schulden aus Warenlieferungen und Leistungen, die bereits vom dem 1. Juli 1990 entstanden sind. Auch Liquiditätskredite, die Treuhandunternehmen von Geschäftsbanken eingeräumt und die von der Treuhandanstalt verbürgt wurden, sind vorgehende Schulden. Unmittelbar von der Treuhandanstalt gewährte Kredite sind den nicht vorgehenden Schulden zuzuordnen. Grundsätzlich müssen die zu berücksichtigenden vorgehenden Schulden in sachlichem Zusammenhang mit nach § 6 Abs. 6 a Satz 1 VermG herauszugebenden Vermögenswerten stehen. Schulden, die nicht gegenstandsbezogen sind, sondern das Unternehmen in Gänze betreffen, sind anteilig nach dem Verhältnis des Werts des herauszugebenden Vermögensgegenstands zum Gesamtwert der Aktiva als nach § 6 Abs. 6 a Satz 2 VermG vorgehend zu behandeln.

Aufgrund des Umstands, daß die Unternehmens-Restitutionsansprüche sich bei Stillegung des Geschäftsbetriebs in Ansprüche nach § 6 Abs. 6 a Satz 1 VermG wandeln, muß bei der Veräußerung des Unternehmensvermögens in der Liquidation - soweit Ansprüche nach § 6 Abs. 6 a Satz 1 VermG bestehen können - ein Investitionsvorrangverfahren durchgeführt werden. Die Zuständigkeit liegt bei der Treuhandanstalt.

Einzelrestitutionsansprüche bleiben von der Beschlußfassung über die Liquidation unberührt. Die Veräußerung von mit solchen Ansprüchen belasteten Vermögenswerten kann nur unter Durchführung eines Investitionsvorrangverfahrens erfolgen.

Einzel-Restitutionsansprüche bleiben auch in der Gesamtvollstreckung erhalten (vgl. § 3b Abs. 1 VermG). Veräußerungen von mit solchen Ansprüchen belasteter Vermögensgegenstände bedürfen ebenfalls des Investitionsvorrangverfahrens.

Die Treuhandanstalt als Verfügungsberechtigte trifft, wenn sie die Gesamtvollstreckung entgegen den Verpflichtungen aus § 3 Abs. 3 Satz 6 und 7 VermG nicht abgewendet hat, die Verpflichtung, dem Restitutionsberechtigten den Verkehrswert der einzelnen in § 6 Abs. 6 a Satz 1 VermG genannten Vermögensgegenstände zu ersetzen, abzüglich etwaiger zu berücksichtigender vorgehender Schulden. Eine solche Verpflichtung wird allerdings in Zukunft nicht mehr bestehen, da ein Verstoß gegen § 3 Abs. 3 Satz 6 und 7 VermG nach dem 1. Dezember 1992 nicht mehr möglich ist.

XI. Der Unternehmensverkauf

1. Allgemeines

Das Unternehmen ist nach Maßgabe der Rechtssprechung und der hier zu vertretenden Theorien in der Wissenschaft eine Gesamtheit von Sachen und Rechten, tatsächlichen Beziehungen und Erfahrungen sowie unternehmerischer Handlungen.

BGHZ 74, 359;
Ballerstedt, ZHR (154) 1970, 260.

Der Unternehmensbegriff wird also nicht nur von dem in dem Unternehmen gebundenen Vermögen geprägt, sondern auch von den Außenbeziehungen des Unternehmens (Einbindung in den Markt) und von den Beziehungen nach innen (Betrieb).

In diesem Sinn genießt das Unternehmen den Schutz vor unberechtigten Eingriffen und zwar im Rahmen des Rechts auf wirtschaftliche Betätigung oder als Teil eines wirtschaftlichen Persönlichkeitsrechts.

Vgl. BGHZ 29, 65;
BGH NJW 1976, 1740.

Das Unternehmen in diesem definierten Sinne ist jedoch nicht rechtsfähig. Es kann im Rechtsverkehr nur durch einen Rechtsträger, beispielsweise AG, GmbH, OHG, KG, GmbH & Co. KG oder in der Form eines Einzelunternehmens auftreten.

Nur der Vermögensträger selbst kann das Unternehmen zum Gegenstand eines Kaufgeschäfts machen.

Werden nur einzelne materielle oder immaterielle Wirtschaftsgüter aus dem Komplex "Unternehmen" oder Sachgesamtheiten wie das Anlage- oder Umlaufvermögen, alle Warenzeichen und das gesamte know how verkauft, so können diese - soweit zulässig - wesentliche wirtschaftliche Bestandteile des Unternehmens sein.

Von einem Unternehmensverkauf kann aber nur dann gesprochen werden, wenn entweder das Unternehmen als Ganzes oder zumindest fast alle Bestandteile verkauft werden.

In der Praxis wird auch der Verkauf eines nicht rechtlich verselbständigten Teil-(Betrieb)s als Unternehmensverkauf angesehen.

Im Rechtssinne handelt es sich aber nicht um einen Unternehmensverkauf, so daß es einer konkreten Bezeichnung der Kaufgegenstände bedarf, z. B. Aufzählung der Grundstücke, der Maschinen, der Roh-, Hilfs- und Betriebsstoffe sowie der fertigen und unfertigen Erzeugnisse. Das gleiche gilt auch für die Verbindlichkeiten und die beim Übergang bestehenden Arbeitsverhältnisse.

Der Verkauf von Anteilen an einem Unternehmen ist dann einem Unternehmensverkauf gleichzusetzen, wenn der zu übertragende Anteil seinem Inhaber eine Stellung vermittelt, die bei wertender Betrachtung der eines Unternehmensinhabers entspricht.

Danach läge beim Erwerb von mindestens 95 % der Aktien oder bei 90 % der GmbH-Anteile einer Gesellschaft ein Unternehmensverkauf vor.

>BGHZ 65, 246, 252
>hat diese Frage letztlich offengelassen.

Der Unternehmenskaufvertrag ist - wie jeder andere Vertrag - über eine Sache oder Sachgesamtheit grundsätzlich formlos wirksam.

Beurkundungsbedürftig ist jedoch der Verkauf eines Unternehmens, in dessen Vermögen sich auch ein Grundstück befindet. Dem Formzwang unterliegen auch Kauf und Abtretung von Gesellschaftsanteilen von Personenhandelsgesellschaften (OHG, KG, GmbH & Co. KG), wenn sich ein Grundstück im Sonderbetriebsvermögen eines Gesellschafters befindet und dieses Gegenstand des Kaufvertrags werden soll.

Der Kaufvertrag ist nur dann wirksam, wenn alle Vertragsbestimmungen, die nach dem Willen der Vertragsparteien von der Grundstücksveräußerung abhängig sein sollen bzw. mit ihr ein untrennbares, einheitliches Geschäft bilden, beurkundet werden.

>BGH WM 1979, 458;
>BGH DNotZ 1975, 87.

Ein Rechtsgeschäft über den Verkauf eines Unternehmens, bei dem nur die Grundstücksübertragung notariell beurkundet werden würde, der Verkauf des Unternehmens aber privatschriftlich abgeschlossen wäre, wäre insgesamt nichtig. Der Kaufvertrag würde aber in seinem ganzen Inhalt wirksam, wenn die Auflassung und Eintragung des Grundstückes im Grundbuch erfolgt.

Auch der Anteilsverkauf und die Abtretung von Geschäftsanteilen an einer Gesellschaft mit beschränkter Haftung (§ 15 Abs. 3 GmbHG) unterliegen dem notariellen Formzwang.

Je nachdem ob ein "Anteilserwerb" oder "asset-deal" vorliegt, ergeben sich besonders Probleme hinsichtlich der Gewährleistung. Beim Kauf der Geschäftsanteile oder Mitgliedschaftsrechte, liegt ein Rechts- und nicht ein Sachkauf vor.

Nach § 437 BGB haftet der Verkäufer einer Forderung oder eines sonstigen Rechts für den rechtlichen Bestand.

Die Erfüllungspflicht des Verkäufers umfaßt die rechtliche Existenz und die Möglichkeit der Geltendmachung des Rechts, nicht jedoch der Durchsetzbarkeit.

Der Rechtsverkäufer hat also für die Beschaffenheit des "repräsentierten" Objektes keine Gewähr zu leisten.

Der Sachverkäufer haftet dagegen, weil er dem Käufer Besitz und Eigentum versprochen hat und weil er den augenblicklichen Zustand der Sache zu verantworten hat.

> Beisel/Klumpp, Der Unternehmenskauf, S. 215;
> Hommelhoff, ZGR 1982, 366, 375.

Die Rechtsprechung wendet jedoch die Sachmängelhaftung nach § 459 ff BGB entsprechend an, wenn die gesamte Gesellschafterbeteiligung, also z. B. sämtliche Geschäftsanteile an einer Gesellschaft mit beschränkter Haftung, im Wege des Beteiligungserwerbs an den Käufer veräußert werden.

> Vgl. BGHZ 65, 246;
> BGH NJW 1959, 184.

Bei einem Verkauf von Sachgesamtheiten stellt sich die Problematik hinsichtlich des Fehlens des Unternehmens und zugesicherter Geschäfte im § 459 Abs. 1 BGB.

Die Rechtsprechung des Bundesgerichtshofs legt den Fehler- und Eigenschaftsbegriff i. S. d. § 459 Abs. 1 und 2 BGB eng aus.

Während das Reichsgericht,

RGZ 98, 289,

bereits Umstände, die das gute Funktionieren des Unternehmens beeinträchtigen, als Unternehmensmangel ansah, verlangt der Bundesgerichtshofs, daß durch den Fehler des einzelnen Gegenstands die Tauglichkeit des Unternehmens als Ganzes nicht mehr gegeben, also seine wirtschaftliche Grundlage durch den Mangel erschüttert sei.

BGH NJW 1970, 556.

Ähnliches gilt für Qualitätsmängel. Ein Unternehmensmangel liegt z. B. dann vor, wenn beim Verkauf eines Getränkegroßhandels das mitverkaufte Leergut unauffindbar ist,

BGH WM 1974, 312,

oder wenn beim Verkauf eines Gerüstbauunternehmens das Gerüstbaumaterial einen beträchtlichen Fehlbestand aufweist.

BGH NJW 1979, 33.

Unrichtige Angaben über Umsätze, Erträge und Ertragskraft eines Unternehmens begründen grundsätzlich keinen Sachmangel des verkauften Unternehmens.

BGH NJW 1970, 653;
BGH WM 1974, 51;
BGH DB 1972, 1942.

Auch unrichtige Bilanzangaben führen nicht zu einer Sachmängelhaftung.

BGH DB 1972, 1451;
BGH NJW 1972, 1538.

Gleich behandelt werden unrichtige Angaben des Verkäufers über die Höhe der bestehenden Verbindlichkeiten.

BGH BB 1980, 1392;
BGH DB 1980, 679, 681.

Auch für eine Haftung aus culpa in contrahendo wegen fahrlässiger falscher Angaben in bezug auf eine Kaufsache ist dort kein Raum, wo die Spezialregeln der kaufrechtlichen Gewährleistung eingreifen.

Nach § 477 BGB verjähren die Gewährleistungs- und Schadensersatzansprüche des Käufers, sofern sie dem Käufer nicht arglistig verschwiegen wurden, in sechs Monaten nach Übergabe. Diese kurze Verjährungsfrist gilt grundsätzlich auch für den Unternehmensverkauf und für Ansprüche aus culpa in contrahendo und aus positiver Vertragsverletzung, soweit sie ihre Grundlage in Sachmängeln haben.

Die vorstehenden allgemeinen Grundsätze zum Unternehmensverkauf verdeutlichen, daß klare vertragliche Vereinbarungen zwischen Verkäufer und Käufer getroffen werden müssen.

Im Rahmen der Liquidation von Treuhandunternehmen wird es in den seltensten Fällen zum Anteilsverkauf kommen. Es werden üblicherweise asset-deals abgeschlossen, wobei der Vertragsgestaltung die Besonderheit der ostdeutschen Industriesituation Berücksichtigung finden muß.

Es kann in jedem Einzelfall eine besondere Situation vorliegen, es soll jedoch exemplarisch auf einzelne Vertragsgestaltungsformen, die immer wieder auftreten, eingegangen werden.

2. Vertragsgestaltung

a) Teilgrundstück

Häufig wird ein Grundstück als geometrisch noch zu vermessende Teilfläche aus einem Gesamtgrundstück veräußert, für das noch kein eigenes Grundbuchblatt besteht.

Das Grundstück muß dann vermessen werden und kann erst nach Anerkenntnis des vorliegenden amtlichen Veränderungsnachweises geteilt und zur Eintragung beim Grundbuchamt angemeldet werden.

b) Mehrerlösabführungsklausel

Um Spekulationskäufen entgegenzuwirken, wird eine sogenannte Mehrerlösabführung vereinbart, die in nachfolgende Klausel gefaßt werden kann:

(1) Veräußert der Käufer den Kaufgegenstand ganz oder teilweise vor dem ..., so hat der Käufer den über dem Kaufpreis liegenden Mehrerlös, einschließlich aller anderen geldwerten Vorteile, in Höhe von ... an den Verkäufer abzuführen. Bei einer Veräußerung nach dem ..., aber vor dem ... sind ... % des Mehrerlöses an den Verkäufer abzuführen. Veräußerungszeitpunkt ist der Zeitpunkt des Vertragsabschlusses.

(2) Als Veräußerung gemäß Abs. 1 gelten alle Rechtsgeschäfte, die darauf gerichtet sind, einem Dritten Eigentum unmittelbar oder mittelbar, eine dem Eigentum wirtschaftlich gleichstehende Rechtsstellung oder ein dingliches Nutzungsrecht zu verschaffen. Dies gilt auch, wenn Geschäftsanteile des Käufers mehrheitlich auf einen Dritten übertragen werden. Eine Veräußerung ist auch dann gegeben, wenn diese unentgeltlich erfolgt.

(3) Wird der Kaufgegenstand unentgeltlich übertragen oder liegt der bei der Veräußerung erzielte Erlös unter dem Verkehrswert, sind ... % bzw. ... % des Betrags an den Verkäufer abzuführen, um den der zum Zeitpunkt der Veräußerung bestehende Verkehrswert den im vorliegenden Vertrag vereinbarten Kaufpreis übersteigt. Bei unentgeltlicher Übertragung ist der Verkehrswert abzuführen.

(4) Ist ein Erlös für den Kaufgegenstand aus einer Veräußerung nach Abs. 2 nicht eindeutig bestimmbar, gilt der Verkehrswert als erlöst. Dies trifft insbesondere auch den Fall einer Einbringung des Grundstücks in eine Gesellschaft mit Übertragung der Geschäftsanteile des Käufers auf einen Dritten. Ein Mehrerlös ist gemäß Abs. 1 abzuführen.

(5) Falls sich die Parteien über den Verkehrswert nicht einigen können, wird dieser durch einen öffentlich bestellten und vereidigten Gutachter festgestellt. Können sich die Parteien über die Person des Gutachters nicht einigen, wird dieser auf Antrag einer der beiden Vertragsparteien vom Präsidenten der Industrie- und Handelskammer bestimmt, in dem der Kaufgegenstand gelegen ist. Die Kosten des Gutachtens trägt der Käufer.

(6) Der erzielte oder nach den vorstehenden Regelungen festgestellte Mehrerlös ist innerhalb von ... Bankarbeitstagen nach Beurkundung des notariellen Veräußerungsvertrags fällig und wird mit ... % p. a. über dem jeweiligen Diskontsatz der Deutschen Bundesbank verzinst.

(7) Der Mehrerlös umfaßt nicht Wertsteigerungen, die auf Aufwendungen, insbesondere auf den vertraglich vereinbarten Investitionen des Käufers, beruhen.

(8) Der Käufer hat dem Verkäufer unverzüglich sämtliche Umstände mitzuteilen, die einen Anspruch auf Mehrerlös begründen können. Der Käufer verpflichtet sich, durch Vorlage einer Bescheinigung eines Wirtschaftsprüfers für die Geschäftsjahre ... bis ... die Einhaltung der oben erwähnten Verpflichtung nachzuweisen. Die Bescheinigung ist jeweils bis zum ... des folgenden Jahres vorzulegen.

c) **Umweltlastenklausel**

Im Hinblick auf die Problematik von Umweltlasten kann folgende Klausel vereinbart werden:

(1) Eine Gewährleistung des Verkäufers, insbesondere auch für Umweltaltlasten, ist ausgeschlossen.

(2) Umweltaltlasten sind Belastungen des Bodens durch Schadstoffe aus industrieller oder gewerblicher Nutzung, von denen eine Gefahr für die öffentliche Sicherheit und Ordnung ausgeht.

(3) Der Käufer kann jedoch dem Verkäufer Umweltaltlasten im Sinne dieser Regelung, die vor Vertragsabschluß entstanden sind, binnen eines Jahres ab dem Vertragsschluß schriftlich anzeigen und bis zu diesem Zeitpunkt auf eigene Kosten durch ein schriftliches Gutachten eines Sachverständigen, der überwiegend auf diesem Gebiet tätig sein muß, belegen. Inhalt des Gutachtens muß sein, inwieweit Umweltaltlasten vorliegen und mit welchen Maßnahmen nach Art, Umfang, Ortslage, Zeit und mit welchen Kosten Umweltaltlasten saniert werden müssen. Nicht innerhalb der genannten Frist angezeigte und entsprechend belegte Umweltaltlasten gehen in diesem Fall zu Lasten des Käufers.

(4) Der Gutachter ist vorher mit dem Verkäufer abzustimmen. Dazu schlägt der Käufer einen auf dem Sachgebiet überwiegend tätigen Sachverständigen vor. Widerspricht der Verkäufer nicht innerhalb von zwei Wochen, so gilt die Zustimmung als erteilt. Ansonsten bestimmt der Bundesminister für Umwelt und Naturschutz auf Antrag des Käufers einen Sachverständigen. Die Feststellungen des Sachverständigen sind für beide Seiten bindend.

(5) Werden durch das Gutachten Umweltaltlasten festgestellt, hat der Käufer den vom Verkäufer gestellten Antrag auf Freistellung von der Verantwortung für vor dem 1. Juli 1990 verursachte Umweltschäden nach Art. 1 § 4 Abs. 3 UmweltrahmenG in der Fassung des Art. 12 des Gesetzes zur Beseitigung von Hemmnissen bei der Privatisierung von Unternehmen und zur Förderung von Investitionen (PrHBG),

abgedruckt in: Niederleithinger, RWS-Dok. 10 Nr. II,

beizutreten und ihn mit allen vernünftigerweise in Betracht kommenden Mitteln zu betreiben.

Hierzu zählen, wenn hinreichende Aussicht auf Erfolg besteht, ein Widerspruchsverfahren und die Einlegung von Rechtsmitteln gegen einen ganz oder teilweise negativen Freistellungsbescheid. Die in diesem Zusammenhang notwendigen Maßnahmen sind mit der Treuhandanstalt abzustimmen. Zur endgültigen Kostenbeteiligung des Verkäufers kommt es nur insoweit, als der Antrag ganz oder teilweise rechtskräftig abgelehnt wird.

(6) Maßnahmen zur Gefahrenabwehr sind vor Durchführung, soweit nicht wegen Gefahr im Verzug sofortiges Handeln geboten ist, mit dem Verkäufer abzustimmen. Dem Verkäufer ist ein Kosten- und Maßnahmeplan für die Gefahrenabwehr

zur Genehmigung vorzulegen. Der Verkäufer behält sich vor, die Maßnahme mitzugestalten und zu begleiten und ist berechtigt, an den Arbeiten gleichberechtigt mit dem Käufer mitzuwirken. Dies wird geregelt in einer abzuschließenden Ausfüllungsvereinbarung.

(7) Wird eine Freistellung aufgrund des Umweltrahmengesetzes nicht erzielt (vgl. Abs. 5), trägt der Käufer die Kosten, die von ihm zur Gefahrenabwehr bezüglich der durch Gutachten nachgewiesenen Umweltaltlasten tatsächlich aufgewendet wurden, bis zur Höhe von DM... alleine. Über den Betrag von DM... hinaus aufgewendeten Kosten trägt der Verkäufer zu ...% und der Käufer zu ...%, soweit der Kaufpreis bezahlt ist. Die Zahlungspflicht des Verkäufers wird auf DM... begrenzt.

(8) Notwendige Kosten im Sinne der vorstehenden Absätze sind nur unmittelbare Kosten, die zur Gefahrenabwehr mit dem geringstmöglichen Aufwand und zur Herstellung eines den gesetzlichen Anforderungen entsprechenden Zustands aufgewendet werden. Eigenleistungen des Käufers werden nur dann erstattet, wenn sie kostengünstiger erbracht werden als Fremdleistungen. Keine notwendig werdenden unmittelbaren Kosten stellen insbesondere bei dem Käufer eventuell anfallender allgemeiner Verwaltungsaufwand, Betriebsbeeinträchtigungen, Betriebsunterbrechungen sowie entgangener Gewinn usw. dar. Tritt durch die Gefahrenabwehr eine Wertsteigerung des Grundstücks ein, die über den mit der Gefahrenabwehr verfolgten Zweck, nämlich die Beseitigung der Gefahren, die von Umweltaltlasten ausgehen, hinausgeht, so verringern sich die vom Verkäufer zu tragenden Kosten für die Maßnahmen zur Gefahrenabwehr in entsprechender Höhe. Der Auftrag an den Gutachter wird diese Vorgaben beinhalten. Der Verkäufer kann nur dann in Anspruch genommen werden, wenn der Käufer nicht auf andere Weise

Ersatz zu erlangen vermag, insbesondere aufgrund Versicherungsdeckung oder aufgrund von Ansprüchen gegenüber Dritten (einschließlich Subventionen).

(9) Die durch die Maßnahmen zur Gefahrenabwehr entstandenen Kosten sind dem Verkäufer durch prüffähige Belege nachzuweisen. Der Verkäufer ist berechtigt, die Angemessenheit der Kosten durch eigene Beauftragte oder durch einen Sachverständigen prüfen zu lassen. Dem Beauftragten oder Sachverständigen ist auf Verlangen Zutritt zu den Betriebsstätten sowie in dem zur Prüfung notwendigen Umfang Einsicht in die Geschäftsunterlagen zu gewähren.

d) **Restitutionsansprüche**

Da die Frage von Restitutionsansprüchen dann im Raum steht, wenn das zuständige Vermögensamt kein Negativattest erteilt, ist folgende Klausel im Kaufvertrag zu vereinbaren:

(1) Dem Verkäufer sind Anträge nach § 30 VermG auf Rückübertragung des Kaufgegenstandes bekannt. Der Kaufvertrag steht unter der aufschiebenden Bedingung, daß

- die Stelle für Investitionsvorrangentscheidungen der Treuhandanstalt einen stattgebenden Investitionsvorrangbescheid erläßt oder

- die Präsidentin der Treuhandanstalt, Stelle für Grundstücksverkehrsgenehmigungen, die Genehmigung nach der Grundstücksverkehrsordnung erteilt und die jeweilige Stelle dies dem Notar schriftlich mitteilt.

(2) Der Käufer hat alle für das Verfahren nach dem Investitionsvorranggesetz erforderlichen Unterlagen beizubringen, sowie die notwendigen Auskünfte zu erteilen.

(3) Liegt die Mitteilung nach Abs. 1 nicht innerhalb einer Frist von vier Monaten nach Vertragsabschluß vor, so sind Käufer und Verkäufer berechtigt, vom Vertrag zurückzutreten. Weitergehende Rechte, insbesondere Schadensersatzansprüche - auch gegen die Treuhandanstalt - sind ausgeschlossen.

(4) Dem Käufer ist bekannt, daß er keinen Anspruch auf einen stattgebenden Investitionsvorrangbescheid hat. Er wird sich nicht auf § 162 BGB berufen, da die Entscheidung in einem eigenständigen Verwaltungsverfahren von einer besonderen Stelle der Treuhandanstalt getroffen wird.

(5) Sollte ein Berechtigter gemäß § 16 InVorG Ansprüche geltend machen können, sei es auf den Kauferlös oder den Verkehrswert, so haftet hierfür im Verhältnis zwischen Verkäufer und Käufer ausschließlich der Verkäufer, soweit der Kaufpreis gezahlt ist.

e) **Investitionszusagen und Arbeitsplatzgarantie**

Um den Aufbau im Osten zu fördern, werden Investitionszusagen und Arbeitsplatzgarantien verlangt.

Dafür können folgende Klauseln exemplarisch aufgenommen werden:

a) Der Käufer verpflichtet sich DM ... (Netto (ohne USt) innerhalb einer Frist von ... Jahr und ... Monaten in den Kaufgegenstand nach Maßgabe des als Anlage ... zu diesem Vertrag beigefügten Vorhabenplans zu investieren.

b) Der Käufer steht dafür ein, daß in dem Kaufgegenstand bis zum ... mindestens ... Vollzeitarbeitnehmer (ohne ABM-Kräfte) aufgrund entsprechender Dienstverträge beschäftigt werden und die Arbeitsplätze bis mindestens ... erhalten bleiben.

(1) Erfüllt der Käufer seine Verpflichtungen aus Investitionen nicht, so ist der Verkäufer neben dem Recht aus der Rückübertragungsverpflichtung berechtigt, von dem Käufer eine Vertragsstrafe in Höhe von ... % der nicht aufgewendeten Investitionssumme zu verlangen.

(2) Erfüllt der Käufer seine Verpflichtung aus der Arbeitsplatzgarantie nicht, so ist der Verkäufer brechtigt, eine Vertragsstrafe in Höhe von DM ... pro Arbeitsplatz und Monat zu verlangen.

(3) Abs. 1 entfällt, wenn die Frist zur Durchführung des Investitionsvorhabens nach § 14 InVorG verlängert wird und die Investitionen innerhalb der verlängerten Frist durchgeführt werden. Abs. 2 entfällt, wenn der Käufer seine Verpflichtungen nicht erfüllt, weil hierfür zum Zeitpunkt des Vertragsabschlusses nicht voraussehbare dringende betriebliche Erfordernisse ursächlich waren.

c) Zur Feststellung, ob der Käufer die Zusagen zu Investitionen und Arbeitsplätzen erfüllt hat, wird häufig folgende Klausel formuliert:

Der Verkäufer ist berechtigt, von dem Käufer den Nachweis zu verlangen, daß die übernommenen Verpflichtungen zu Investitionen und Arbeitsplätzen eingehalten wurden.

Der Nachweis für die Einhaltung der Verpflichtung zu Investitionen ist binnen ... Monaten nach Fristablauf, der für die Einhaltung der Verpflichtung zu Arbeitsplätzen jeweils bis zum ... für das vorangehende Kalenderjahr zu erbringen. Dazu hat der Käufer Wirtschaftsprüfer zu beauftragen, die den Nachweis in geeigneter Form spezifiziert führen. Erfüllt der Käufer diese Verpflichtung ganz oder teilweise nicht oder nicht rechtzeitig, ist der Verkäufer berechtigt, auf Kosten des Käufers Wirtschaftsprüfer zu beauftragen, die die entsprechenden Überprüfungen vornehmen. Der Käufer verpflichtet sich in diesem Zusammenhang zur uneingeschränkten Mitwirkung und Auskunftserteilung. Diese umfaßt auch das Recht der Wirtschaftsprüfer auf Einsichtnahme in die dazu erforderlichen geschäftlichen Unterlagen.

f) Bankbürgschaft

Um die Ansprüche des Verkäufers sicherzustellen, wird eine Bankbürgschaft verlangt, für die nachfolgende Klausel aufgenommen werden kann:

Zur Sicherung des Kaufpreises und eventueller Ansprüche des Verkäufers bei einer Rückabwicklung des Vertrags verpflichtet sich der Käufer, unabhängig von den Bedingungen - vermögensrechtliche Ansprüche und Zustimmungen - eine unbedingte, unbefristete und selbstschuldnerische Bankbürgschaft eines deutschen Kreditinstituts, die auf erste Anforderung zur Zahlung fällig ist, in Höhe von DM ... zugunsten des Verkäufers bei Genehmigung dieses Vertrags durch den Verkäufer, spätestens bis zum ... beizubringen. Der Verkäufer wird die Bürgschaft nach Erledigung des Sicherungszwecks zurückgeben. Einreden der Anfechtung und Aufrechnung werden ausgeschlossen.

g) Belastungsvollmacht

Da der Käufer frühzeitig, und zwar noch bevor eine Umschreibung im Grundbuch erfolgt, den Kaufpreis finanzieren muß, kann eine Belastungsvollmacht nach nachfolgendem Muster erteilt werden:

(1) Zur Finanzierung des Kaufpreises und der vom Käufer geplanten Investitionsmaßnahmen bevollmächtigt der Verkäufer den Käufer, unter Befreiung von den Beschränkungen des § 181 BGB, den Kaufgegenstand schon vor Eigentumsumschreibung, jedoch nicht bevor die Wirksamkeit des Vertrags gemäß vermögensrechtlicher Ansprüche und Zustimmungen feststeht, mit Grundpfandrechten bis zur Höhe von DM ... zu belasten, gemäß § 800 ZPO auch vollstreckbar.

(2) Der Käufer ist berechtigt, für den Verkäufer die insoweit erforderlichen Erklärungen abzugeben, insbesondere Rangänderungen zu bewilligen und sich für den Verkäufer der sofortigen Zwangsvollstreckung in den belasteten Grundbesitz zu unterwerfen.

(3) Eine Zahlungsverpflichtung für den Verkäufer darf damit jedoch nicht verbunden sein. Der Käufer übernimmt die so eingetragenen Belastungen und stellt den Verkäufer von sämtlichen hieraus erwachsenden Kosten frei.

(4) Der Käufer tritt hiermit die Ansprüche auf Auszahlung der Darlehen bis zur Höhe der noch offenen Kaufpreisforderung an den Verkäufer ab, der die Abtretung annimmt. Der Käufer wird die Kreditinstitute anweisen, die Darlehenssummen, entsprechend den Bestimmungen des Kaufvertrags, direkt an den Verkäufer und i. ü. nur entsprechend dem Fortschritt des Investitionsvorhabens auszubezahlen.

Siehe allgemein zu den Unternehmenskaufverträgen:
Wächter/Kaiser/Krause, Klauseln
in Unternehmenskaufverträgen mit
der Treuhandanstalt Teil I,
WM 1992, 293 ff und Teil II,
WM 1992, 337 ff und
Holzapfel/Pöllath, Recht und Praxis
des Unternehmenskaufs, RWS-Skript 135,
6. Aufl., 1992.

In unserem Verlag sind u.a. folgende aktuelle Veröffentlichungen zum Recht der neuen Bundesländer erschienen:

Min.-Rat **Gerhard Fieberg**, Bonn
Richter am LG **Harald Reichenbach**, Bonn (Hrsg.)
Zweites Vermögensrechtsänderungsgesetz
2. VermRÄndG
RWS-Dokumentation 14.
1992. Brosch. 606 Seiten. Lexikonformat. DM 128,-
ISBN 3-8145-1867-5

Direktor des KrG **Hans Haarmeyer**, Merseburg
RA **Wolfgang** Wutzke, Bremen und
RA Dr. **Karsten Förster**, Bremen
GesO - Kommentar zur Gesamtvollstreckungsordnung
Mit einem Vorwort von RiAG Prof. Dr. Wilhelm Uhlenbruck
2., wesentl. erw. Aufl. 1992.
Gbd. 618 Seiten. DIN A 5. DM 138,-
ISBN 3-1845-8032-X

Reg.-Dir. Dr. **Jürgen Schmidt-Räntsch**, Bonn
Eigentumszuordnung, Rechtsträgerschaft und Nutzungsrechte an Grundstücken
Aktuelle Probleme der Rechtspraxis in den neuen Bundesländern
RWS-Skript 238.
1992. Brosch. 152 Seiten. DIN A 5. DM 68,-
ISBN 3-8145-0238-8

Notar Dr. **Matthias Cremer**, Dresden
Immobiliengeschäfte in den neuen Bundesländern
RWS-Skript 241. 2., neubearb. Aufl. 1993.
Brosch. 182 Seiten. DIN A 5. DM 68,-
ISBN 3-8145-9241-7

Reg.Rat Dr. **Dieter Schweizer**, Bonn
Reg.-Dir. Dipl.-Ing. **Karl-Friedrich Thöne**, Bonn
Das Recht der landwirtschaftlichen Betriebe in den neuen Ländern
Umstrukturierung, Vermögensauseinandersetzung, Neuordnung der Eigentumsverhältnisse
RWS-Skript 254.
1993. Brosch. 278 Seiten. DIN A 5. DM 78,-
ISBN 3-8145-0254-X

Bitte fordern Sie unser aktuelles Verlagsverzeichnis an!

 Verlag Kommunikationsforum GmbH Recht Wirtschaft Steuern
Postfach 27 01 25, 5000 Köln 1, Telefon (0221/4 00 88-0)